国家自然科学基金面上项目

"新技术革命背景下全球稀有金属流动格局演变与我国供应安全研究（71874210）"

国家自然科学基金面上项目

"绿色发展下战略性金属资源效率全生命周期评估与提升路径研究（72074228）"

国家社会科学基金重大项目

"自然资源高效利用与经济安全和高质量发展机制研究（21&ZD103）"

国家金属资源安全丛书

丛书主编　黄健柏

QUANQIU XIYOU JINSHU LIUDONG GEJU YANBIAN YU
WOGUO GONGYING ANQUAN YANJIU

全球稀有金属流动
格局演变与
我国供应安全研究

朱学红　等著

中国财经出版传媒集团

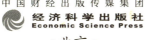

经济科学出版社
Economic Science Press

·北京·

图书在版编目（CIP）数据

全球稀有金属流动格局演变与我国供应安全研究/
朱学红等著．－－北京：经济科学出版社，2023.10
（国家金属资源安全丛书）
ISBN 978－7－5218－5293－6

Ⅰ．①全…　Ⅱ．①朱…　Ⅲ．①稀有金属－矿产资源－
供应－安全管理－研究－中国　Ⅳ．①F426.3

中国国家版本馆 CIP 数据核字（2023）第 201863 号

责任编辑：李　雪　袁　溦
责任校对：王肖楠
责任印制：邱　天

全球稀有金属流动格局演变与我国供应安全研究
朱学红　等著
经济科学出版社出版、发行　新华书店经销
社址：北京市海淀区阜成路甲 28 号　邮编：100142
总编部电话：010－88191217　发行部电话：010－88191522
网址：www. esp. com. cn
电子邮箱：esp@ esp. com. cn
天猫网店：经济科学出版社旗舰店
网址：http://jjkxcbs. tmall. com
固安华明印业有限公司印装
710×1000　16 开　16.5 印张　228000 字
2023 年 10 月第 1 版　2023 年 10 月第 1 次印刷
ISBN 978－7－5218－5293－6　定价：82.00 元
（图书出现印装问题，本社负责调换。电话：010－88191545）
（版权所有　侵权必究　打击盗版　举报热线：010－88191661
QQ：2242791300　营销中心电话：010－88191537
电子邮箱：dbts@ esp. com. cn）

课题组主要成员

课题负责人

朱学红　中南大学研究员、博士生导师

南丹麦大学

刘　刚　教授、博士生导师

中南大学商学院

邵留国　教授、博士生导师

中南大学数学与统计学院

郭尧琦　教授、博士生导师

张宏伟　副教授、硕士生导师

参加研究工作的博士研究生：张梓滔　陈　英

参加研究工作的硕士研究生：张　众　郑伟航　石百晟

序　言

党的十八届三中全会决定成立"国家安全委员会"，全面维护新时期复杂环境下的国家安全。2014年4月，习近平总书记首次提出总体国家安全观，系统提出了11种安全议题，引起世界广泛关注。[①] 这11种安全议题首次包括了有关资源利用的安全议题，即资源安全。这是在国家层面上首次提出并确认的安全议题。2021年11月中央政治局召开会议审议《国家安全战略（2021—2025年)》时提出，"确保能源矿产安全"。

金属资源是国民经济建设的重要物质基础，金属资源安全事关国家安全。2020年4月，习近平总书记在《国家中长期经济社会发展战略若干重大问题》的讲话中强调，"产业链、供应链在关键时刻不能掉链子，这是大国经济必须具备的重要特征"。我国"十四五"规划纲要明确指出，战略性矿产资源属于我国实施能源资源安全战略的重要组成部分，要切实提高资源领域的安全发展能力，实现战略资源领域安全可控，筑牢国

---

① 中国政府网. 中央国家安全委员会第一次会议召开 习近平发表重要讲话 [EB/OL].
[2014 – 04 – 15]. https：//www.gov.cn/xinwen/2014 – 04/15/content_2659641. htm.

家安全屏障。然而，据中国地质科学院测算，2025 年前后，我国铜、铝、铅等金属资源需求顶点将陆续到来，但需求总量将在相当长的时间内保持较高水平；铍、锶、锗、镓、铟等战略性金属资源需求则会持续增长。我国金属资源的基本条件决定了国内资源的自我保障能力较差，加之未来 10~15 年仍将是我国矿产资源消费的增长阶段，使得我国重要矿产品种的总量保障明显不足，资源结构性矛盾突出，大宗矿产资源的对外依存问题依然存在。我国铜、铝等大宗金属品种对外依存度分别超过 70% 和 60%，镍、钴等新能源产品资源对外依存度则更高。

中国金属资源供给的这样一种基本状况，要求我们不得不寻求更广范围的世界资源。21 世纪以来，我国开始从以往的"自给自足"的资源战略转变为立足国内、资源国际化经营的新战略。充分利用"国内国外两种资源、两个市场"的战略举措，一定程度上缓解了中国金属资源供给短缺"瓶颈"，但并没有从根本上改善金属资源供给的经济性、稳定性和持续性。随着新一轮科技革命与产业升级，主要工业大国之间围绕金属等战略性矿产资源的竞争加剧。欧盟、日本、印度等相继出台《欧盟关键原材料报告》（*Report on Critical Raw Materials for the EU*）和《稀有金属保障战略》《印度制造业非燃料关键矿产》等报告。2017 年，美国时任总统特朗普签发了《确保关键矿产安全和可靠供应的联邦战略》的第 13817 号行政令，强调要查明关键矿产的新来源，减少因关键矿产供应链中断带来的国家安全与经济发展隐患。这些都使得当前金属矿产资源供给保障的不稳定性日益增加。因此，保障金属矿产资源的产业链和供应链的安全，既是资源行业的产业安全问题，更是国家资源安全和经济安全问题，是实现我国"双碳"目标，保障能源转型、能源安全、高技术产业和国防军工安全的基石。

　　中南大学于 2012 年 11 月成立金属资源战略研究院，依托学校在金属资源领域的学科优势，搭建起金属资源硬科学与软科学交叉融合的开放式研究平台，专注于国家金属资源重大战略问题的研究。研究院成立至今，围绕着产能过剩与产业转型升级、资源安全战略与产业政策、资源节约与环境保护以及资源价格与矿业金融等金属资源领域的重大问题形成了稳定的研究团队和研究方向。本系列丛书既是对研究院现有研究成果的一个总结和展示，同时也是研究院在国家金属资源安全的视角下，对我国金属资源领域的重大战略问题的思考和解析。同时，也希望本系列丛书的出版能够为金属资源领域的经济管理决策部门、企业以及所有关心金属资源产业发展的各界人士提供有益的借鉴和参考。

黄健柏

2021 年 11 月

前　　言

《中共中央关于制定国民经济和社会发展第十四个五年规划和二〇三五年远景目标的建议》明确提出"保障能源和战略性矿产资源安全"。习近平总书记要求"要把增强产业链韧性和竞争力放在更加重要的位置，着力构建自主可控、安全高效的产业链供应链"①。第四次工业革命、气候变化、能源转型等催生全球新一轮产业竞争，稀有金属成为抢占新一轮科技革命制高点、实现低碳能源转型、战略性新兴产业发展和保障国防安全的关键物质基础（Nassar et al.，2015；Ali et al.，2017），正是由于其重要的战略价值，美欧等发达经济体纷纷将稀有金属资源安全上升为国家战略，稀有金属资源已成为全球大国资源博弈的焦点。干勇等7位院士联合发文指出，我国稀有金属资源产业链呈现"纺锤形"态势，上游资源短缺、下游创新能力不足，导致上、下游出现"资源"与"技术"卡点问题（干勇等，2022）。低碳能源转型带动的稀有金属需求增长爆发性叠加

① 中国政治网. 习近平：高举中国特色社会主义伟大旗帜为全面建设社会主义现代化国家而团结奋斗——在中国共产党第二十次全国代表大会上的报告［EB/OL］.［2022 – 10 – 25］. http：//www. gov. cn/xinwen/2022 – 10/25/content_5721685. htm.

地缘政治冲突等影响，进一步加剧了我国稀有金属供应风险。

我国"十四五"规划纲要明确指出，稀有金属等战略性矿产资源属于我国实施能源资源安全战略的重要组成部分，要切实提高资源领域的安全发展能力，实现战略资源领域安全可控，筑牢国家安全屏障。然而，我国锂矿、钽矿等稀有金属品种对外依存度分别超过80%和70%，镍、钴等稀有金属资源对外依存度则更高。随着新一轮科技革命与产业升级，主要工业大国之间围绕稀有金属等战略性矿产资源的竞争加剧。自然资源部中国地质科学院矿产资源研究所预测结果显示，到2035年在35种矿产资源中我国仍有近一半矿产的对外依存度在50%以上（代涛，2021）。新技术革命叠加全球地缘政治形式复杂多变，必然对我国稀有金属产业链供应链安全造成巨大冲击，不仅造成资源产品面临极大的断供风险，高纯金属、关键材料也面临技术"卡脖子"风险。

矿产资源的全球贸易和流动改变了由区域资源禀赋差异形成的资源格局，为此稀有金属的供应安全需要在资源流动视角下进行科学分析和判断。资源的全球流动使稀有金属资源从资源禀赋富裕的国家或区域流向资源禀赋差和资源需求高的国家或区域，形成了较为稳定的资源流动格局。当前我国对外依存度高的稀有金属主要通过全球范围的资源流动来缓解我国稀有金属供应不足的问题。因此，识别和解析资源流动格局演变的特征和规律是科学评估我国稀有金属资源供给安全的基础。面对全球安全形势的深刻变化，如何科学认识当前全球稀有金属资源流动格局演变规律及其发展趋势，并根据新形势、新特点和新问题，完善和优化我国稀有金属资源安全战略和政策，将有助于保障实现第二个百年目标和中华民族伟大复兴所需的稀有金属资源的供应，对国家稀有金属资源安全战略和产业政策的制定、资源型企业发展规划的制定都具有重要的现实意义和应用价值。对此，以中南大学朱学红研究员为负责人的课题组，主持了国家自然科学基金面上项目"新技术革命背景下全球稀有金属流动格局演变与我国供应安全研究（项目编号71874210）"，针对我国稀有金属资源流动与供应安全战略的相关问题展开研究。本书是该项目研究成果的重要体现，是课题组对稀有金属资源安全战略相关诸多问题的深入思考。

本书从提高我国稀有金属资源供应安全保障能力的战略目标出发，期望回答以下两大基本问题：其一，如何科学认识全球稀有金属资源流动的现状、规律及其演变趋势；其二，如何针对新技术革命背景下稀有金属资源流动的新特点和新态势，科学评估资源流动下我国稀有金属资源的供应风险，从而提出有效缓解稀有金属供应危机、保障稀有金属供应安全的国家资源安全方略。针对第一个基本问题，本书基于产业链视角，运用复杂网络方法构建全球稀有金属流动网络，刻画全球稀有金属错综复杂的贸易关系，以实现对资源流动网络特征及资源流动格局演化规律的研究；针对第二个基本问题，本书在解析资源流动网络特征和资源流动格局演化规律的基础上，将资源流动网络拓扑特征纳入供应安全评估模型，对我国稀有金属资源供应安全进行研究；最后，借助情景模拟仿真探究不同情景下稀有金属供应链弹性的演变趋势，通过效果评估，为有效防范我国稀有金属供应风险从而保障供应安全提供切实可行的政策建议。

这期间，书稿虽有过数次的修改和完善，但仍存在需要进一步探索和讨论的地方，本书中的疏漏之处也请读者不吝指正。尽管如此，我们仍希望本书的出版能够对相关领域的学者、政府管理部门、企业管理人员以及关心该问题的读者们有所帮助。

作　者
2023 年 10 月

目　　录

第1章

导　论

1.1　问题的提出

2021 年，中央经济工作会议指出，我国沉着应对百年变局和世纪疫情，在新一轮科技革命推动下，国家战略科技力量加快壮大，产业链韧性得到提升。《中国制造 2025》明确提出了实现制造强国的战略目标，"智能制造" 被定位为我国制造的主攻方向。稀有金属作为 "电子金属"，是信息、制造、新材料、新能源、生物等多领域技术支撑性材料，在智能化升级中将扮演重要角色，是未来全球经济结构调整、产业结构升级的关键，也是未来增强国家竞争力的关键。欧盟在《欧盟关键原材料报告》(*Report on Critical Raw Materials for the EU*) 中，将包括锂、铍、钽等在内的 27 种原材料定义为关键原材料，并在《战略能源技术中的关键金属》(*Critical Metals in Strategic Energy Technologies*) 中指出，太阳能、风能等清洁能源子行业对稀有金属资源的需求强劲，且短期内尚不存在大规模替代稀有金属的材料，因此未来稀有金属的资源约束瓶颈将非常高。为应对未来稀有金属资源约束，保障稀有金属供应安全，日本出台的 "稀有金属保障战略"、美国实施的 "先进制造业战略"、德国推进的"工业4.0战略"、英国和法国分别实施的"英国工业2050战略"和"新工业法国战略"等,都把"重振制造业"的战略重点放在了新能源、新材料等战略性新兴产业。发达国家在制造业不谋而合的战略布局引发了稀有金属资源领域日趋激烈的全球竞争,从而使稀有金属资源需求急剧增长。

近年来,美国、澳大利亚等国家相继出台了关键矿产名录,指明锂、铍、钽等稀有金属资源是大多数国家争夺的关键矿产之一。我国稀有矿产资源品种较为齐全,但大多禀赋不佳导致供应不足(王登红等,2013,干勇等,2022)。《中华人民共和国国民经济和社会发展第十四个五年规划和2035年远景目标纲要》要求"实现战略资源等关键领域安全可控",然而,经济发展新常态下,我国资源领域供给结构性矛盾日益凸显,矿产等资源面临对外依存度过高等问题,自然资源部中国地质科学院矿产资源研究所的预测结果显示,到2035年35种矿产资源中我国仍有近一半矿产的对外依存度在50%以上(代涛,2021)。此外,国内稀有金属大多与其他金属伴生,如铟与锌伴生,镓与铝伴生等。随着我国去产能压力增大,稀有金属供给随载体金属而放缓,导致稀有金属供需矛盾更加凸显。全球稀有金属激烈竞争的态势与我国稀有金属面临对外依存度过高的现状导致了我国稀有金属资源面临巨大的供应风险,且风险将长期存在。

新技术革命背景下稀有金属资源的供应安全需要在资源流动视角下进行科学分析和判断。一直以来,对于金属矿产资源供应安全的分析或以区域资源禀赋为基础,以依存度和集中度作为主要指标,对资源供应安全进行直接评估,或通过构建不同权重的多维度的评价指标体系,对资源的可获得性进行综合评价,并得到相应的安全指数。但总体而言,相关研究还未能很好地实现"资源科学领域由'静态的断面分析'向'动态的过程评价'的过渡"(成升魁等,2005;王宜强和赵媛,2013),

而资源流动理论和方法的发展为实现资源供应安全的动态评估提供了新
视角。一方面，稀有金属资源的全球流动改变了由区域资源禀赋差异形
成的资源格局，因此对稀有金属资源供应安全的评估需要把握资源流动
的特征和规律。资源的全球流动使稀有金属资源从资源禀赋富裕的国家
或区域流向资源禀赋差和资源需求高的国家或区域，形成了较为稳定的
资源流动格局。当前我国稀有金属需要通过全球范围的资源流动缓解供
应不足的问题，因此识别和解析资源流动格局演变的特征和规律是科学
评估我国稀有金属资源供应安全的基础。另一方面，新技术革命冲击下
稀有金属资源的供应风险的评估依赖于对稀有金属资源流动格局变化的
科学预判。新技术革命下，新材料、新能源、智能制造等产业的发展都
直接改变着未来稀有金属的供需结构和流动格局。从资源流动格局出发，
通过对稀有金属流动网络和纵向产业链流动的深入分析，才能实现对我
国稀有金属资源供应安全变化的动态评估和预判。

1.2 研究目的与意义

1.2.1 研究目的

本书的研究目的如下：

（1）构建全球稀有金属资源流动网络，分析资源流动的演变规律并
识别其驱动因素，以期真实解析全球稀有金属流动格局的演变。

全球稀有金属资源流动网络的构建是分析全球稀有金属资源流动格
局时空演变和构建供应安全评估模型的重要基础，对本研究有重要的支
撑作用。由于稀有金属在纵向产业链不同环节对应产品的流动网络之间

相互影响、相互联系，且全球稀有金属资源流动过程中不同贸易伙伴在技术水平、资源禀赋等方面存在差异性，因此如何更真实、更全面地阐明现实经济社会中众多影响因素交织而成的复杂动态系统是本研究顺利进行的关键。所以在构建全球稀有金属资源流动网络的过程中，针对稀有金属全产业链不同环节产品分别建立资源流动网络，同时考虑不同贸易国家由于技术水平、资源禀赋差异所导致的异质性对全球稀有金属资源流动网络的影响，使其更贴近当前全球稀有金属资源流动的现状。

（2）科学评估我国稀有金属资源的供应安全趋势，为国家稀有金属资源战略调整和国家稀有金属供应安全保障提供支撑。

基于全球资源流动网络构建稀有金属供应安全评估模型是分析我国稀有金属供应安全变化趋势以及保障我国稀有金属供应安全的基础，是本研究模型构建的核心。本书基于资源流动视角构建全球资源流动网络，动态评估我国稀有金属供应安全。此外，稀有金属资源供应安全的影响因素众多，而新一轮科技革命和产业变革冲击，更使得传统的影响金属资源供应安全的因素发生了变化，技术进步及由此带来的替代率和回收率的提高等因素都会对我国稀有金属供应安全造成重要影响。因此，针对新技术革命背景下的新特点和新形势，在资源流动格局分析的基础上，创新稀有金属供应安全评估指标，构建出更符合实际的稀有金属供应安全评估模型，从而实现我国稀有金属资源供应安全的科学评估。

（3）探索有效防范我国稀有金属供应风险的方式，提高供应危机应对能力，提出有效保障我国稀有金属供应安全的政策建议。

探索行之有效地缓解我国稀有金属供应危机路径对于保障我国稀有金属供应安全至关重要。本研究基于现实的稀有金属流动格局，设置需求冲击以及供应中断等供应危机情景，模拟仿真这些危机情景下稀有金属供应情况及其对供应链弹性的影响，通过效果评估提出有效应对突发事件和提升风险防范能力的政策建议，可以使得政策建议更具科学性和有效性。从政策优化的角度考虑，设计出更具可操作性和针对性的应对措施；指明不同资源政策着力点，通过可操作的变量实现对这些不同资源政策的选择和量化；并评估不同路径的模拟效果，从而提出有针对性的政策建议。

1.2.2　研究意义

面对当前我国稀有金属供需矛盾突出的现状，在新技术革命冲击稀有金属资源流动格局的背景下，从提高国家稀有金属供应安全保障能力的战略目标出发，如何科学认识全球稀有金属资源流动的现状、规律及其演变趋势；如何针对新技术革命背景下稀有金属资源流动的新特点和新态势，科学评估资源流动下的稀有金属资源的供应风险，从而提出有效缓解稀有金属供应危机、保障稀有金属供应安全的国家资源安全方略。

针对以上基本问题，本研究基于全产业链视角和复杂网络方法，构建全球稀有金属流动网络，刻画全球稀有金属错综复杂的贸易关系，以实现对资源流动网络特征及资源流动格局演化规律的研究，并在此基础上，将流动网络拓扑特征纳入供应安全评估模型，对我国稀有金属供应安全进行研究。最后，借助仿真模拟，探讨不同场景下稀有金属供应链的弹性，为缓解我国稀有金属供应风险、保障供应安全提供切实可行的政策建议。

（1）本研究的理论意义在于从全产业链视角，综合考虑各贸易国家的异质性及间接贸易关系，构建了纵横向相结合的全球稀有金属流动网络，动态解析全球稀有金属资源流动问题，突破了以往静态的、单层的金属资源贸易网络分析范式，拓宽了金属资源贸易网络分析维度，拓展了复杂网络理论在金属资源流动领域的应用。此外，将稀有金属流动网络拓扑特征纳入供应安全建模，并创新稀有金属供应安全评估指标体系，完善了供应安全评估模型，还构建了新时代下稀有金属供应链弹性评估模型，从资源流动视角丰富了国家金属资源安全研究理论，延拓了复杂网络方法在国际资源贸易领域的应用。

（2）本研究的现实意义在于针对新时代全球稀有金属资源流动呈现出的新趋势、新特征，综合研判了新能源汽车冲击和供应中断等不同情景下我国稀有金属供应链风险的演变情况，有助于我国及时捕捉外部冲击对稀有金属资源流动和供应安全的影响，全面把握稀有金属贸易网络风险传导规律，探索了我国稀有金属供应风险的应对能力，为制定调控稀有金属供需状况、保障我国供应安全的相关政策提供了决策依据，有助于增强我国对重大公共卫生事件等非常规突发事件的战略应对能力，也可以为保障我国稀有金属供应安全从而支撑清洁能源产业发展，以及"双碳"目标、能源转型等国家战略目标的实现提供决策依据与政策指导。

1.3　研究对象的界定

1.3.1　稀有金属

稀有金属是指在地壳中含量较少、分布稀散或难以从原料中提取的金属，如锂、铍、钽、钛、钒、锗、铌、钼、铯、镧、钨、镭等。部分金属由于性质接近而不易分离成单一金属，制取和使用的很少，因此得名为稀有金属。按其物理、化学性质及生产方法上的不同可分为稀有轻金属、稀有贵金属、稀有分散金属、稀土金属、难熔稀有金属、放射性稀有金属（翟明国等，2019）。第二次世界大战以来，由于新技术的发展，需求量的增大，稀有金属研究和应用迅速发展，冶金新工艺不断出现，稀有金属的生产量也逐渐增多，在现代技术中应用广泛。

近年来，美国、澳大利亚、俄罗斯、欧盟等国家及地区对关键矿产的关注度越来越高，并且相继出台了关键矿产名录（见表1-1），列出的关键金属大多属于稀有金属。从表中可见，锂、钽等稀有金属是大多数国家及地区争夺的关键矿产之一，各国及地区不约而同地进行国家级战略储备，以保障国内、地区内资源供应安全。

表1-1　　　　　　　　　各国及地区关键矿产名单

国家或地区	关键矿产	资料来源
美国	铝（矾土）、锑、砷、重晶石、铍、铋、铯、铬、钴、萤石、镓、锗、石墨（天然）、铪、氦、铟、锂、镁、锰、铌、铂族金属、钾盐、稀土元素族、铼、铷、钪、锶、钽、碲、锡、钛、钨、铀、钒和锆	《确保关键矿产安全可靠供应的联邦战略》（2019）
澳大利亚	锑、铍、铋、铬、钴、镓、锗、石墨、铪、氦、铟、锂、镁、锰、铌、铂族元素、稀土元素、铼、钪、钽、钛、钨、钒、锆	《澳大利亚关键矿产战略》（2019）
俄罗斯	第Ⅰ类：天然气、铜、镍、锡、钨、钼、钽、铌、钴、钪、锗、铂族、磷灰石矿、铁矿石、钾盐、煤炭、水泥原料等；第Ⅱ类：石油、铅、锑、金、银、金刚石、锌和特别纯的石英原料等；第Ⅲ类：铀、锰、铬、钛、铝土矿、锆、铍、锂、铼、钇族稀土、萤石、铸造用膨润土、长石原料、高岭石、大片白云母、碘、溴和光学原料等	《俄罗斯联邦2035年矿物原料基地发展战略》（2018）
欧盟	锑、重晶石、铍、铋、硼、钴、焦煤、萤石、镓、锗、铪、氦、铟、镁、天然石墨、天然橡胶、铌、磷酸盐岩、磷、钪、结晶硅、钽、钨、钒、铂族金属、重稀土、轻稀土	《原材料倡议》（2017）

续表

国家或地区	关键矿产	资料来源
中国	石油、天然气、页岩气、煤炭、煤层气、铀、锂、铁、铬、铜、铝、金、镍、钨、锡、钼、锑、钴、稀土、锆、磷、钾盐、晶质石墨和萤石；稀土元素：铱、镧、铈、镨、钕、钜、钐、铕、钆、铽、镝、钬、铒、铥、镱、镥、钪；稀有金属：锂、铍、铌、钽、锆、锶、铪、铷、铯；稀散金属：镓、锗、铟、镉、铊、铼、硒和碲	《全国矿产资源规划（2016—2020 年）》及"三稀"资源
英国	锑、铍、锗、钒、镓、锶、钨、钼、钴、铟、砷、镁、铂族元素、锂、钡、石墨、铋、银、镉、钽、铼、硒、汞、氟、铌、锆、铬、锡、锰、镍、钍、铀、铅、铁、金刚石、钛、铜、锌、铝、金	《风险矿产清单》（2015）
日本	锂、钴、镍、铜、稀土、铂族金属、钨、镁、铍、铼、钛、铬、钼、锰、铌、磷、锌、锡、铅、锑、钽、铟、镓、石墨、锗、锆、锶、钒、氟、金和银	《稀有金属保障战略》（2009）

　　本研究以稀有金属资源为研究对象，在具体研究中选择锂、铍和钽为研究对象。一方面，锂、铍、钽等稀有金属在航天航空、尖端武器、智能制造等高技术领域有重要应用，是各大国的发展战略（如美国的"先进制造业战略"、德国的"工业 4.0 战略"以及我国的"中国制造 2025"）实施所依仗的关键原材料，同时也是全球大国经济体共同较为紧缺的稀有金属，其资源流动特征凸显。我国很多稀有金属高度依赖进口，如 2021 年我国锂（金属）资源对外依存度已经超过 73%，钽资源的对外依存度也已超过 70%。另一方面，与大宗金属矿产相比，锂、钽、铍等稀有金属总量少、产业垄断程度较高、产品应用相对集中，从而其全产业链的资源流动网络中涉及的国家和企业主体相对较少，这有利于用更为复杂的网络模型实现全球资源流动网络的刻画。同时由于锂、钽、铍等稀有金属具有极大的战略意义，易于垄断和掌控，其贸易行为

往往反映国家利益，且部分贸易行为具有隐蔽性特征，因此更加有必要从我国资源安全保障的角度出发，通过动态监测资源流动情况识别我国稀有金属安全保障面临的风险。

1.3.2　资源流动

目前，国际上对资源流动的研究偏向于应用方面，尚不存在对资源流动规范的定义。在我国，较为公认的资源流动概念由成升魁等（2005）提出，这一定义将资源流动划分成了资源的"纵向流动"和"横向流动"。前者是指资源在原态、加工、消费、废弃等一系列过程中形态、价值和功能方向上的转化，后者则指资源在空间方向上的流动。在此基础上，沈镭和刘晓洁（2006）补充了资源流动概念中所含"资源"的范畴，丰富了资源流动的含义。由于金属及金属工业对人类的社会经济系统具有重要的支撑作用，且其在生产、加工制造、使用、回收利用等过程中有较大的社会、经济和环境影响，金属元素及其产品的资源流动成为相关研究的关注热点之一（杨丹辉，2018；高凤平等，2019；朱学红等，2020，2022；郝敏等，2020；汪鹏等，2021；刘立涛等，2021；祝孔超等，2022；沈曦等，2022；赵怡然等，2022；祝孔超等，2019，2022；Zhang et al.，2022；Shao et al.，2021，2022；Guo et al.，2023）。

借鉴上述研究成果，本研究将资源流动界定为资源的纵向流动和横向流动。纵向流动主要基于产业链视角，指资源在原态、加工、消费、废弃等一系列过程中形态、价值和功能方向上的转化；而横向流动则指资源在空间方向上的流动，即产业链不同环节相关产品的贸易流动情况。

1.3.3　供应安全

现有关于供应安全的研究更多的是从概念范畴较大的资源安全视角展开。谷树忠等（2002）指出资源安全是一个国家或地区可以持续、稳定、及时、足量和经济地获取所需自然资源的状态或能力，包括数量、质量、结构、均衡以及经济或价格安全五种基本含义。郭锐和凌胜利（2009）认为供应安全是资源安全问题的首要内容；渠立权等（2017）进一步指出供应安全就是资源安全的狭义理解。格雷德尔等（Graedel et al.，2012，2015）站在国家层面，指明供应安全的主要影响因素是地质储量和技术创新、社会监管等；王昶等（2018）则在此基础上补充资源供应潜力和资源供应能力两个供应安全评判角度。随着世界经济联系密切度的增长，进一步将由全球供应集中带来的地理因素、金属原材料技术替代和回收率等因素纳入供应安全的风险防控范围。基于此，国内外学者已对金属资源供应安全进行了广泛的理论和实证研究（沈镭等，2018；王东方和陈伟强，2018；马玉芳等，2019；朱学红等，2019；黄健柏等，2020；吴巧生等，2020；陈伟强等，2022；刘刚等，2022）。

本研究对稀有金属供应安全的定义是为满足国家经济发展和产业转型升级的需要，能够提供可靠的、经济的、持续稳定的金属资源供应。此外，稀有金属资源供应安全的内涵具有动态性，在不同时期供应保障的重点会有所不同。

1.4 研究内容与方法

1.4.1 研究思路与内容

面对当前我国稀有金属供需矛盾突出的现状，从提高国家稀有金属供应安全保障能力的战略目标出发，本研究期望清晰地回答"如何科学认识全球稀有金属资源流动的现状、规律及其演变趋势"和"如何针对新技术革命背景下稀有金属资源流动的新特点和新态势，科学评估全球资源流动下稀有金属资源的供应风险，从而提出有效保障稀有金属供应安全的国家资源安全方略"两大基本问题。第一个基本问题是实现新时代我国稀有金属资源供应安全保障能力的理论前提和现实基础，也是本研究的立足点。该问题从资源流动格局演变和资源流动格局驱动因素分析两方面研究全球稀有金属资源流动规律及其影响因素。第二个基本问题是本研究的重点和落脚点。为解决这个问题，将资源流动分析引入供应安全评估体系，并在梳理国家金属资源供应安全保障相关政策和战略的基础上，通过借鉴主要发达国家的国际经验，提出有效保障我国稀有金属资源供应安全的国家战略和政策体系。技术路线如图1-1所示。

根据本书的研究思路，共分为八章，具体的研究内容如下：

第1章为导论。导论部分阐明了研究背景与意义，分析了研究对象，并对其进行概念界定，系统归纳了研究思路、方法与内容，并指出了本研究的主要创新点。

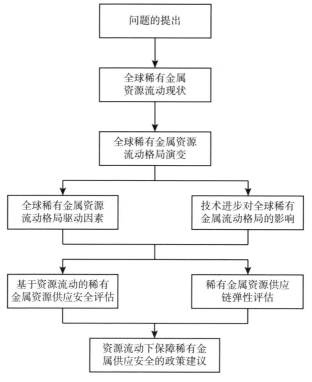

图 1-1　研究技术路线

第2章为全球稀有金属资源流动现状分析。选择锂、铍和钽三种代表性稀有金属，分析了全球稀有金属贸易参与国家和地区的数量、贸易量、贸易额及其全球排名，以此分析其全球贸易现状，为分析锂、铍和钽资源利用情况和产业发展问题提供研究基础。

第3章为全球稀有金属资源流动格局演变分析。以锂和钽为例，构建全球稀有金属资源流动网络模型，通过分析其网络拓扑结构特征揭示全球稀有金属流动格局演变规律。基于全产业链视角构建全球稀有金属上中下游的资源流动网络，通过计算入度和出度、平均度和平均加权度、网络密度以及中心度等网络拓扑指标从整体和个体两个层面对锂和钽资源流动格局进行动态分析，揭示锂资源和钽资源产业链不同环节产品全球流动网络之间的相似性、差异性、相互联系，揭示其相互影响的动态演化规律。

第4章为全球稀有金属资源流动格局影响因素分析。选择锂和钽为稀有金属的典型代表，基于引力模型，分析了影响全球资源流动格局演变的经济、研发等因素。具体而言，分析了影响两种主要锂资源产品和四种钽资源产品全球流动格局演变的经济发展水平、总人口规模、地理距离、城市人口规模和工业产值等经济性因素，以及研发资本和人力投入等技术性因素。

第5章为技术进步对全球稀有金属资源流动格局影响分析。基于钴资源和锂资源联合消费的特点，构建全球钴—锂双层资源流动网络模型，分析全球钴锂双层流动网络的结构演变、主要贸易国的地位、钴贸易与锂贸易网络之间的关系等，并在此基础上，模拟分析锂电池技术进步对钴锂双层资源流动网络的冲击影响。

第6章为基于资源流动的我国稀有金属资源供应安全评估。为评估我国及相关贸易国家稀有金属资源供应安全，将资源流动网络特征指标如平均度、接近中心度、中介中心度、节点及边等引入稀有金属资源供应安全评估体系，与传统供应安全评估体系相结合，构建新的全面反映稀有金属资源供应安全的评估体系，对我国以及相关贸易国家稀有金属资源供应安全进行科学评估。

第7章为我国稀有金属资源供应链弹性评估。为评估新能源汽车冲击和供应中断影响下我国稀有金属供应链应对能力，构建我国稀有金属资源供应链弹性评估的系统动力学模型，通过分析锂供应链在新能源汽车冲击和供应中断等不同情景下，锂供应链弹性的变化情况，揭示我国锂资源供应链应对外部冲击的能力。

第8章为资源流动下保障我国稀有金属供应安全的政策建议。在对我国稀有金属相关政策以及对主要发达国家稀有金属供应安全保障战略进行梳理的基础之上，明确资源流动下保障我国稀有金属供应安全所面临的挑战，进而对我国稀有金属供应安全战略和政策提出调整与优化的建议。

1.4.2　研究方法

1.4.2.1　实地调研与文献研究

本研究基于全产业链的框架对每个环节的贸易量、流量和存量进行定量核算，部分数据需要通过实地调研获得，前往从事稀有金属开采加工的企业进行实地调研，收集稀有金属全产业链产品清单，了解稀有金属及其产品的废物回收与循环利用情况、最终产品的使用年限等基础数据。此外，还需要到锂的生产企业了解锂电池技术的应用和低钴技术等发展情况和趋势。同时，国内外在该领域的学术研究成果，特别是在资源流动格局演变、复杂网络建模、技术进步影响和供应安全评估等领域的已有成果，为本研究基于全产业链视角的流动格局演变分析和供应安全评估提供相应的理论支撑和方法借鉴。

1.4.2.2　理论建模与模拟分析

本研究基于 Python 平台，辅以 MATLAB、R 等编程软件，采用复杂网络模型对全球稀有金属流动时空格局演变进行分析。选取度、密度、中心度、平均路径长度、中心性、关联度和聚类系数等复杂网络分析指标分析全球锂、铍、钽等稀有金属流动网络的拓扑结构，并考虑锂、钴联合消费的特点，构建了基于钴、锂贸易关联耦合的双层流动网络，通过流动网络分析单种金属以及钴—锂双层流动网络时空动态演变规律。在复杂网络建模的基础上，将资源流动网络拓扑指标引入我国稀有金属供应安全评估体系，构建我国稀有金属供应安全评估新模型，对我国稀有金属供应安全变化趋势进行量化评估，并模拟不同情形下我国稀有金属供应安全及供应链弹性的演变规律，从而提供有针对性和可操作性的政策建议。

1.4.2.3　计量经济模型与情景模拟仿真

在分析全球稀有金属流动格局影响因素时，需要运用拓展的引力模型对影响其流动格局的经济、政治、研发等因素进行分析，识别其驱动因素。此外，在分析技术进步对全球稀有金属流动格局影响时，分析了各种锂电池技术进步冲击情景下，全球锂流动网络、钴流动网络以及钴—锂双层流动网络的演变规律。

1.5　本书的创新点

本书在新技术革命对稀有金属供需结构产生重大影响的背景下，将对我国稀有金属供应安全的评估置于资源流动的视角下进行解析和动态评估，从而提出有效缓解我国稀有金属供应危机的政策建议。在具体研究过程中体现如下特色和创新：

（1）从资源流动的视角出发评估我国稀有金属供应安全问题，将流动网络拓扑结构引入传统供应安全评估模型中，实现对稀有金属供应安全的动态评估。稀有金属资源的流动不仅改变了由区域资源禀赋差异形成的资源供应格局，同时稀有金属资源在纵向产业链的流动直接影响着稀有金属供给和需求结构的改变。为此，本研究将对我国稀有金属供应安全的评估置于资源流动的视角下进行，通过分析网络拓扑结构在时间和空间上的演变，揭示全球稀有金属流动网络的动态格局演化规律，从而动态评估我国稀有金属供应安全问题，实现"静态的断面分析"向"动态的过程评价"的转变。在具体研究中将稀有金属在纵向产业链不同环节的资源流动和横向区域的流动相结合，试图突破传统的基于资源禀赋的区域差异为基础的供应安全评估模式，从而实现对我国资源供应安全的科学评估。

（2）基于联合消费视角揭示了全球钴流动网络与锂流动网络的动态关系，并定量评估了我国低钴技术进步对钴锂双层流动网络的冲击影响。关于锂和钴全球贸易关系的研究大多是从单一金属的角度来分析的，很少有研究使用多层复杂网络来研究钴贸易和锂贸易之间的复杂关系。此外，学者们对国际贸易中的风险传播和贸易冲击等问题进行了丰富的研究，但对技术进步等外部事件对多层流动网络的影响的研究还很缺乏。为此，本研究在全球钴流动网络和锂流动网络的基础上，构建了全球钴锂双层流动网络，并将锂电池中低钴技术进步作为系统性贸易风险的来源，模拟技术进步是如何影响流动网络演化的。

（3）提出具有针对性和可操作性的稀有金属供应安全国家方略。引入弹性概念评估我国锂供应链弹性状况，研究在短期和长期风险冲击下锂供应链弹性演变趋势及系统实现平衡的能力。本研究将在资源流动分析和供应安全科学评估的基础上，采用系统动态建模方法对供应链弹性进行评估，使价格、供给和需求系统成为锂供应链的三大弹性机制，并设置需求影响、供应中断和三个改善措施作为模型场景，评估新能源汽车需求冲击、供应中断冲击和改善措施下，锂供应链弹性演变趋势。此外，梳理了稀有金属相关的贸易政策、产业政策、资源保护政策、环境保护政策等各类政策，并对每种政策类型下对应的政策工具、工具性质进行归纳分析，从而探索保障我国稀有金属供应安全的有效方式，提出具有针对性和可操作性的保障我国稀有金属资源供应安全的国家方略。

第2章

全球稀有金属资源流动现状分析

本章选择锂、铍、钽三种典型稀有金属，分析了全球稀有金属资源禀赋、价格、参与贸易的国家数量和贸易量、贸易额及其全球排名，从而为分析锂、铍和钽资源全球流动情况和产业发展问题打下研究基础。

2.1 全球锂资源流动现状分析

2.1.1 锂资源禀赋及价格

全球锂资源较为丰富，从表2-1可以看到世界主要资源国锂资源储量分布及变化情况。由于持续的勘探，全世界已查明的锂资源大幅增加，根据美国地质调查局数据，2021年，全球锂资源储量约为2200万吨，主要集中在智利（占比41.8%）、澳大利亚（占比25.9%）、阿根廷（占比10%）和中国（占比6.8%）。美国、巴西、津巴布韦、加拿大、葡萄牙也有一定的锂资源储量。

表 2 - 1　2011~2021 年全球主要资源国锂资源储量

单位：吨

国家	2011 年	2012 年	2013 年	2014 年	2015 年	2016 年	2017 年	2018 年	2019 年	2020 年	2021 年
美国	38000	38000	38000	38000	38000	38000	35000	35000	630000	750000	750000
阿根廷	850000	850000	850000	850000	850000	2000000	2000000	2000000	1700000	1900000	2200000
澳大利亚	580000	970000	1000000	1000000	1500000	1600000	2700000	2700000	2800000	4700000	5700000
巴西	64000	64000	46000	46000	48000	48000	48000	54000	95000	95000	95000
加拿大	—	—	—	—	—	—	—	—	370000	530000	—
智利	7500000	7500000	7500000	7500000	7500000	7500000	7500000	8000000	8600000	9200000	9200000
中国	3500000	3500000	3500000	3500000	3500000	3200000	3200000	1000000	1000000	1500000	1500000
葡萄牙	10000	10000	10000	60000	60000	60000	60000	60000	60000	60000	60000
津巴布韦	23000	23000	23000	23000	23000	23000	23000	23000	230000	220000	220000
其他	—	—	—	—	—	—	—	—	1100000	2100000	2700000
全球	13000000	13000000	13000000	13500000	13500000	14000000	16000000	14000000	17000000	21000000	22000000

注："—" 表示储量数据不详。

资料来源：USGS.

根据表 2 - 2 的数据，从供应量上看，相较于 2016 年，2018 ~ 2021 年锂资源产量大幅增加。2021 年全球锂资源供给量约为 10 万吨（不包括美国未公布数据）。在当前复杂多变的国际政治经济局势下，多国政府表示将加强产业保护，建立自主产业链。目前全球锂产业受限于澳大利亚过高的资源供给集中度，随着锂需求日益膨胀，盐湖卤水型锂矿在种类多元和供给保障的战略需求下将受到重点开发。分国家看，锂资源供应主要集中在澳大利亚、智利、中国和阿根廷等国，澳大利亚占比达到 55%，是全球锂原料主要供应国。其中，以矿石提锂为主的澳洲为供应主体，而以盐湖提锂为主的国家智利仅占全球总产量的 26%。

图 2 - 1 展示了 2011 ~ 2021 年全球电池级碳酸锂平均价格。从图中可以看到，2011 ~ 2015 年整体锂价格处于相对较平稳的状态，在 2015 年之前锂盐主要应用于玻璃陶瓷等传统行业，市场整体波动相对有限。2015 ~ 2018 年碳酸锂价格持续上涨，在 2019 年和 2021 年发生了较大的动荡。随着 2015 年新能源汽车的大力发展，2018 年碳酸锂的价格达到历史高点。但 2018 ~ 2020 年的碳酸锂市场供应量大幅增加，同时下游需求又有所下滑，加之一些补贴退坡等因素的影响，使得碳酸锂的价格大幅下滑。2021 年因为新能源汽车的快速增长，动力电池需求全面爆发，使得碳酸锂需求端大幅增长，带动碳酸锂价格回暖且直线上升。

2.1.2　锂资源贸易规模

锂资源贸易规模的分析主要聚焦两类中游产品：锂的氧化物及氢氧化物、碳酸锂。首先我们分析锂中游产品锂的氧化物及氢氧化物的贸易规模，由表 2 - 3 可以看出，全球 100 多个国家和地区都参与了锂的氧化物及氢氧化物的贸易，此外，1996 ~ 2018 年的贸易交易数量大体呈现上

表 2 - 2　2011～2021 年全球主要资源国锂资源产量

单位：吨

国家	2011年	2012年	2013年	2014年	2015年	2016年	2017年	2018年	2019年	2020年	2021年
美国	w	w	w	w	w	w	w	w	w	w	w
阿根廷	2950	2700	2500	3200	3800	5800	5700	6400	6300	5900	6200
澳大利亚	12500	12800	12700	13300	13400	14000	40000	58800	45000	39700	55000
巴西	320	150	400	160	160	200	200	300	2400	1420	1500
加拿大	—	—	—	—	—	—	—	2400	200	—	—
智利	12900	13200	11200	11500	11700	14300	14200	17000	19300	21500	26000
中国	4140	4500	4700	2300	2200	2300	6800	7100	10800	13300	14000
葡萄牙	820	560	570	300	300	400	800	800	900	348	900
纳米比亚	—	—	—	—	—	—	—	500	—	—	—
津巴布韦	470	1060	1000	900	900	1000	800	1600	1200	417	1200
全球	34100	35000	34000	31700	32500	38000	69000	95000	86000	82500	100000

注："—"表示产量数据不详；"w"表示拒绝披露公司专有数据。

资料来源：USGS.

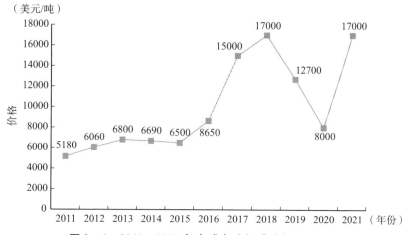

图 2 - 1　2011 ~ 2021 年全球电池级碳酸锂平均价格

资料来源：USGS.

表 2 - 3　　　　　　　　　　1996 ~ 2021 年锂的氧化物及氢氧化物

参与国家和地区数量和贸易数量　　　　　　单位：个

项目	1996 年	1997 年	1998 年	1999 年	2000 年	2001 年	2002 年	2003 年	2004 年
国家和地区数	52	64	71	79	84	93	96	103	98
贸易数	242	307	312	333	404	401	421	423	435
项目	2005 年	2006 年	2007 年	2008 年	2009 年	2010 年	2011 年	2012 年	2013 年
国家和地区数	92	96	105	105	105	103	113	96	103
贸易数	448	473	473	464	471	469	496	480	491
项目	2014 年	2015 年	2016 年	2017 年	2018 年	2019 年	2020 年	2021 年	
国家和地区数	101	104	102	105	99	96	90	69	
贸易数	475	503	513	551	533	478	452	286	

资料来源：UN Comtrade.

升趋势，在 2019 ~ 2021 年受市场需求和新冠疫情影响，贸易数下降。在研究年限内，2017 年最多共发生了 551 次贸易往来。从数据变化可知，随着时间发展，锂的氧化物及氢氧化物国际贸易越来越频繁。

从图 2 - 2 中可以看出，在研究年限内，锂的氧化物及氢氧化物贸易额整体呈现上升趋势。受 2008 年经济危机影响，2007～2009 年锂的氧化物及氢氧化物贸易额呈下降趋势，2010～2019 年阶段呈现上升趋势，并在 2019 年达到 20 多年间的最高贸易额。

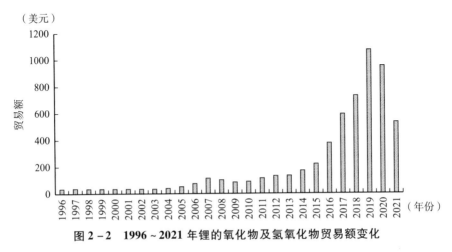

图 2 - 2　1996～2021 年锂的氧化物及氢氧化物贸易额变化

资料来源：UN Comtrade.

此外，从图 2 - 3 中可以看出，锂的氧化物及氢氧化物贸易量在 2009～2020 年阶段整体呈现上升的趋势，并在 2020 年达到 20 多年间的最高贸易量。由于 2008 年经济危机影响，锂的氧化物及氢氧化物贸易量在 2008 年有一个较为显著的下降。

接下来，我们分析锂中游产品碳酸锂的贸易规模，由表 2 - 4 可以看出，全球 100 多个国家和地区都参与了碳酸锂的贸易，与参与锂的氧化物及氢氧化物的贸易国家和地区数量差不多。此外，1996～2018 年阶段的贸易交易数量大体呈现上升趋势。2019～2021 年由于受到市场需求小幅收缩和疫情的影响，贸易交易的数量逐年下降。在本研究年限内，最多的贸易交易数量发生在 2015 年和 2018 年，均发生了 595 次贸易。由此可知随着时间发展，碳酸锂国际贸易越来越频繁。

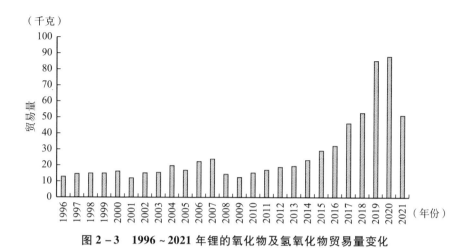

图 2 - 3 1996 ~ 2021 年锂的氧化物及氢氧化物贸易量变化

资料来源：UN Comtrade.

表 2 - 4 　　　　1996 ~ 2021 年碳酸锂参与国家和地区数量和贸易数量　　　单位：个

项目	1996 年	1997 年	1998 年	1999 年	2000 年	2001 年	2002 年	2003 年	2004 年
国家和地区数	52	73	71	82	92	92	96	98	97
贸易数	243	337	320	361	402	405	451	458	472
项目	2005 年	2006 年	2007 年	2008 年	2009 年	2010 年	2011 年	2012 年	2013 年
国家和地区数	96	101	100	106	105	104	109	114	106
贸易数	471	487	506	510	500	491	530	543	531
项目	2014 年	2015 年	2016 年	2017 年	2018 年	2019 年	2020 年	2021 年	
国家和地区数	108	102	104	105	104	100	91	76	
贸易数	551	595	584	579	595	516	455	358	

资料来源：UN Comtrade.

从图 2 - 4 中可以看出，在研究年限内，碳酸锂贸易额整体呈现上升的趋势，并在 2018 年达到 20 多年间的最高贸易额，碳酸锂贸易额的最高值是锂的氧化物及氢氧化物贸易额最高值的近 2 倍。1996 ~ 2008 年阶段碳酸锂贸易额呈缓慢增长，在 2008 年达到极值点。2009 ~ 2012 年阶段呈现上升趋势，在 2012 年达到极值点后贸易额开始下降，2016 年之后重新呈现上升势，2016～2018 年阶段贸易额增速迅猛。2019 年相较于 2018 年的需求顶峰有所回落，2020～2021 年受疫情影响贸易额明显下降。

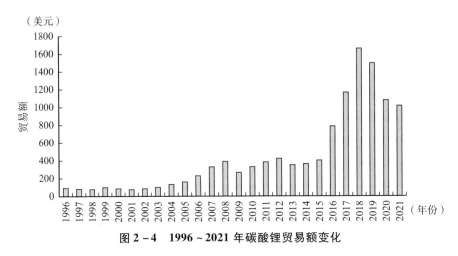

图 2－4　1996～2021 年碳酸锂贸易额变化

资料来源：UN Comtrade.

此外，如图 2－5 所示，碳酸锂贸易量在 1996～2008 年阶段呈现缓慢上升趋势，受 2008 年金融危机影响，2009 年贸易额显著下降，达到极值点。2010～2012 年阶段呈现上升趋势，2013 年贸易额显著下降，达到新的极值点。2013～2015 年阶段贸易额增速缓慢，2016 年贸易额相较于 2015 年显著增加，在其之后又呈现新的增长。2017～2021 年整体呈现稳定增长态势。

2.1.3　锂资源贸易进出口排名

对于锂中游产品锂的氧化物及氢氧化物进口额，如表 2－5 所示，可以看出日本、德国、比利时、印度和韩国等国家进口额位列世界前列。与此同时，2006～2021 年日本进口额基本保持第一名，之后是德国和比利时，排名也较为稳定。由此可以看出，上述几个国家对于锂中游产品锂的氧化物及氢氧化物的需求大而且稳定。出口额如表 2-6 所示，与进口情况相似，排名前列的出口方集中在美国、智利、中国和俄罗斯等国家，排名也较为稳定。

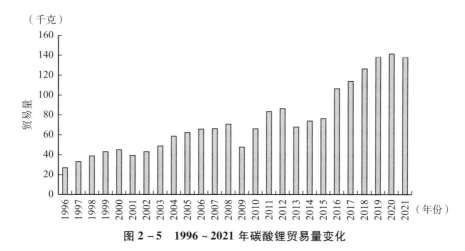

图 2-5　1996~2021 年碳酸锂贸易量变化

资料来源：UN Comtrade.

表 2-5　　　　　1996~2021 年锂的氧化物及氢氧化物进口额排名

年份	1	2	3	4	5	6
1996	日本	德国	英国	印度	韩国	法国
1997	德国	日本	印度	英国	比利时—卢森堡	韩国
1998	日本	德国	比利时—卢森堡	印度	英国	法国
1999	日本	德国	印度	韩国	比利时	美国
2000	日本	德国	比利时	美国	印度	俄罗斯
2001	日本	德国	比利时	印度	加拿大	英国
2002	日本	俄罗斯	比利时	德国	印度	韩国
2003	日本	德国	比利时	印度	英国	法国
2004	比利时	日本	德国	印度	韩国	法国
2005	印度	日本	比利时	德国	韩国	英国

续表

年份	1	2	3	4	5	6
2006	日本	德国	印度	美国	比利时	西班牙
2007	日本	印度	德国	比利时	美国	西班牙
2008	日本	比利时	印度	美国	韩国	西班牙
2009	日本	印度	比利时	美国	英国	韩国
2010	日本	印度	比利时	韩国	西班牙	美国
2011	日本	比利时	印度	美国	韩国	法国
2012	日本	比利时	美国	韩国	印度	法国
2013	日本	印度	比利时	韩国	加拿大	美国
2014	日本	韩国	美国	比利时	印度	加拿大
2015	日本	韩国	印度	美国	比利时	加拿大
2016	韩国	日本	印度	加拿大	比利时	美国
2017	日本	韩国	印度	比利时	美国	中国
2018	日本	韩国	印度	比利时	中国	美国
2019	日本	韩国	印度	比利时	美国	荷兰
2020	韩国	日本	美国	印度	荷兰	加拿大
2021	日本	中国	印度	美国	加拿大	荷兰

资料来源：UN Comtrade.

表 2 - 6　　　　　1996~2021 年锂的氧化物及氢氧化物出口额排名

年份	1	2	3	4	5	6
1996	美国	中国	德国	俄罗斯	法国	日本
1997	美国	中国	德国	俄罗斯	法国	英国
1998	美国	中国	德国	俄罗斯	法国	英国
1999	美国	中国	德国	俄罗斯	日本	英国
2000	美国	中国	俄罗斯	德国	英国	日本
2001	美国	中国	俄罗斯	德国	日本	英国

续表

年份	1	2	3	4	5	6
2002	美国	中国	俄罗斯	德国	比利时	英国
2003	美国	中国	俄罗斯	英国	比利时	德国
2004	美国	俄罗斯	中国	比利时	日本	德国
2005	美国	俄罗斯	中国	比利时	德国	智利
2006	美国	智利	中国	俄罗斯	比利时	德国
2007	美国	智利	中国	比利时	德国	俄罗斯
2008	美国	智利	中国	德国	比利时	荷兰
2009	美国	智利	中国	德国	比利时	英国
2010	美国	智利	中国	德国	比利时	英国
2011	美国	智利	中国	德国	比利时	英国
2012	美国	智利	中国	俄罗斯	比利时	德国
2013	智利	美国	中国	俄罗斯	德国	比利时
2014	美国	中国	智利	俄罗斯	德国	比利时
2015	中国	美国	智利	俄罗斯	比利时	德国
2016	中国	美国	智利	俄罗斯	比利时	德国
2017	中国	智利	美国	俄罗斯	比利时	德国
2018	中国	智利	美国	俄罗斯	比利时	德国
2019	中国	智利	美国	俄罗斯	比利时	德国
2020	中国	智利	美国	俄罗斯	比利时	荷兰
2021	中国	美国	智利	俄罗斯	比利时	德国

资料来源：UN Comtrade.

　　锂中游产品碳酸锂的进口额如表 2-7 所示，可以看出日本、美国、德国、韩国和中国等国家的进口额位居世界前列。与此同时，在研究的20 多年里，日本有 10 年的进口额始终保持第一名，之后是美国和德国，排名也较为稳定。由此可以看出，上述几个国家对于锂中游产品碳酸锂的需求大而且稳定。出口额如表 2-8 所示，与进口情况较为相似，排名前列的出口方集中在几个国家，智利始终位列第一，然后是美国、阿根廷、中国和德国等国家。

表 2 - 7　　　　　　　　1996～2021 年碳酸锂进口额排名

年份	1	2	3	4	5	6
1996	日本	德国	美国	英国	法国	加拿大
1997	日本	德国	美国	英国	比利时—卢森堡	法国
1998	美国	日本	比利时—卢森堡	中国	德国	英国
1999	美国	日本	德国	中国	比利时	加拿大
2000	美国	日本	中国	德国	比利时	加拿大
2001	美国	日本	中国	德国	比利时	俄罗斯
2002	美国	日本	德国	中国	比利时	法国
2003	日本	美国	德国	中国	比利时	意大利
2004	美国	日本	中国	德国	比利时	韩国
2005	美国	日本	中国	德国	比利时	意大利
2006	日本	美国	中国	德国	比利时	韩国
2007	日本	美国	德国	比利时	韩国	中国
2008	日本	美国	德国	韩国	比利时	中国
2009	日本	德国	美国	韩国	比利时	中国
2010	日本	德国	美国	韩国	中国	比利时
2011	日本	美国	韩国	德国	中国	比利时
2012	日本	韩国	中国	美国	德国	比利时
2013	韩国	中国	美国	日本	比利时	德国
2014	韩国	中国	日本	美国	比利时	德国
2015	韩国	日本	美国	中国	比利时	德国
2016	中国	韩国	日本	美国	比利时	俄罗斯
2017	中国	韩国	日本	比利时	美国	俄罗斯
2018	韩国	中国	日本	比利时	美国	俄罗斯

续表

年份	1	2	3	4	5	6
2019	韩国	日本	中国	美国	比利时	荷兰
2020	韩国	中国	日本	美国	比利时	俄罗斯
2021	中国	日本	美国	荷兰	比利时	英国

资料来源：UN Comtrade.

表 2 - 8 1996~2021 年碳酸锂出口额排名

年份	1	2	3	4	5	6
1996	智利	美国	中国	德国	英国	荷兰
1997	智利	美国	德国	中国	比利时—卢森堡	英国
1998	智利	美国	阿根廷	德国	比利时—卢森堡	中国
1999	智利	美国	德国	阿根廷	比利时	中国
2000	智利	美国	阿根廷	德国	比利时	中国
2001	智利	美国	德国	阿根廷	中国	新西兰
2002	智利	美国	德国	比利时	中国	阿根廷
2003	智利	美国	德国	阿根廷	比利时	中国
2004	智利	阿根廷	美国	德国	比利时	中国
2005	智利	阿根廷	美国	德国	比利时	中国
2006	智利	阿根廷	中国	美国	德国	比利时
2007	智利	阿根廷	中国	比利时	德国	美国
2008	智利	阿根廷	美国	中国	德国	比利时
2009	智利	阿根廷	中国	美国	德国	比利时
2010	智利	阿根廷	中国	美国	德国	比利时
2011	智利	阿根廷	中国	德国	美国	比利时
2012	智利	阿根廷	中国	美国	德国	比利时
2013	智利	阿根廷	德国	中国	比利时	美国
2014	智利	阿根廷	德国	中国	比利时	美国

年份	1	2	3	4	5	6
2015	智利	阿根廷	中国	德国	比利时	美国
2016	智利	阿根廷	中国	比利时	日本	德国
2017	智利	阿根廷	中国	德国	韩国	比利时
2018	智利	阿根廷	中国	比利时	韩国	德国
2019	智利	阿根廷	中国	比利时	德国	荷兰
2020	智利	阿根廷	中国	德国	比利时	荷兰
2021	智利	阿根廷	中国	比利时	韩国	德国

资料来源：UN Comtrade.

2.2　全球钽资源流动现状分析

基于全产业链视角，分析钽资源的上游产品钽铌矿石、中游产品钽及其制品以及下游产品含钽电容器的全球资源流动情况。

2.2.1　钽资源禀赋及价格

世界确定的钽资源大部分在澳大利亚、巴西和加拿大，被认为足以满足预计需求。根据政府公布的信息，澳大利亚的储量为 9.4 万吨，巴西的储量为 4 万吨。

伴随着经济社会的不断发展，越来越多的高新技术产业需要用到钽，对于钽矿资源的需求也日益增加，同时钽矿资源的产量又受到多方面影响，导致年产量波动起伏较大。根据英国地质勘探局（BGS）的统计，2011~2021 年全球钽矿资源产量变化情况见表 2 - 9，金属钽从 2013 年

表2-9　2011~2021年世界主要资源国含钽矿石产量　　单位：吨

国家	矿种	2011年	2012年	2013年	2014年	2015年	2016年	2017年	2018年	2019年	2020年	2021年
布隆迪	铌钽铁矿	159	259	74	106	53	32	74	22	22	22	21
中国		170	180	190	240	250	260	300	360	304	280	304
刚果民主共和国		383	586	500	1140	2102	2414	1996	2267	1164	1195	2422
卢旺达		890	1145	1753	2295	2086	1485	1327	1861	1519	1201	1118
乌干达		—	0	0	0	0	13	11	7	7	173	170
巴西		240	210	10000	10000	21975	10518	12455	12500	12500	12500	10523
玻利维亚	钽铁矿	0	0	0	23	1	0	9	59	40	40	2
埃塞俄比亚		95	91	11	46	59	63	65	70	40	40	—
莫桑比克		39	83	43	—	62606	92	127	146	132	209	175
尼日利亚		64	63	60	60	60	28	19	0	1	1	44
澳大利亚		240	100	0	0	250	38	74	117	247	153	208

注："—"表示产量数据不详。
资料来源：BGS.

开始处于较高的产值水平,非洲部分国家有大量的钽矿进行开采,对全球年产量的贡献达到了50%以上。全球钽矿产资源的分布极不平衡。在钽矿资源生产领域,巴西仍然是主要的钽精矿生产国,其中最大的是荷兰先进冶金集团的 MRBRA 项目,近年来埃塞俄比亚和莫桑比克也成为全球重要的供应国。在近几年时间里,非洲国家,包括刚果民主共和国、卢旺达、尼日利亚等国,钽矿资源产量均排在世界前列。

图 2-6 展示了钽铁矿 2011~2021 年全球钽铁矿平均价格,钽铁矿（以 Ta_2O_5 含量来计算）的价格波动整体呈下降趋势,但总体上是稳定的,说明全球对钽金属的需求比较稳定。

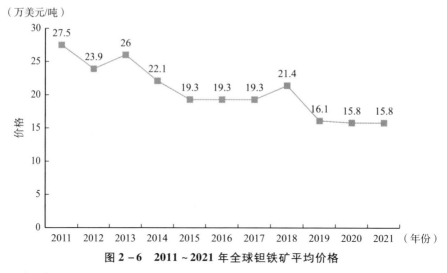

（万美元/吨）

图 2-6 2011~2021 年全球钽铁矿平均价格

资料来源: USGS.

2.2.2 钽资源贸易规模

2.2.2.1 钽资源上游（钽铌矿石）国际贸易情况分析

全球经济的不断发展和国际政治格局的不断变化,使得钽资源的国际贸易越来越复杂。从表 2 - 10 可以看到，1996~2021 年，全球参与钽铌矿石贸易的国家和地区从一开始的 51 个增长到最高 88 个。钽矿作为关键矿产之一，在新技术革命背景下，其重要性日渐提升，贸易参与国及地区数量在稳步增长。相对于其他大宗金属，钽资源禀赋上的差异和稀缺性使得出口方较为集中，贸易参与的出口方数量较少。同时，可以看到贸易交易数量大体上呈现上升趋势，由此可知钽资源上游的国际贸易变得更加频繁，贸易关系也更加复杂。

表 2 - 10　　　　1996~2021 年钽铌矿石贸易参与
国家和地区数量和贸易数量　　　　　单位：个

项目	1996 年	1997 年	1998 年	1999 年	2000 年	2001 年	2002 年	2003 年	2004 年
国家和地区数	51	53	55	56	70	70	62	69	75
贸易数	108	125	120	121	160	184	168	156	169
项目	2005 年	2006 年	2007 年	2008 年	2009 年	2010 年	2011 年	2012 年	2013 年
国家和地区数	72	68	72	77	73	83	78	85	82
贸易数	181	162	165	192	174	172	192	200	202
项目	2014 年	2015 年	2016 年	2017 年	2018 年	2019 年	2020 年	2021 年	
国家和地区数	85	88	76	81	85	85	81	65	
贸易数	181	177	159	184	206	198	181	124	

资料来源：UN Comtrade.

图 2 - 7 展示了钽铌矿石 1996~2021 年贸易额的变化。从图中可以看到，钽铌矿石的贸易额存在较大幅度的波动，2014~2017 年的交易量相较于前几年有较大幅度的减少，这对钽矿资源国际贸易形势产生较为重大的影响。

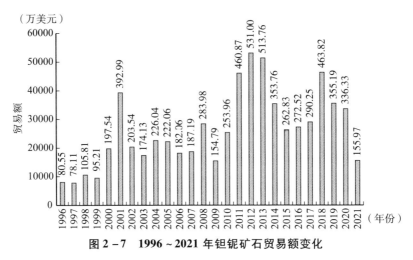

图 2 - 7　1996 ~ 2021 年钽铌矿石贸易额变化

资料来源：UN Comtrade.

2.2.2.2　钽资源中游（钽及其制品）国际贸易情况分析

从表 2 - 11 可以看到，早期钽资源中游产品全球贸易的参与国数量相较于钽矿资源较多。但自进入 21 世纪以后，中游产品的贸易国数量在 80 ~ 90 个。另外，从每年的贸易交易数量可以发现，虽然参与国数量没有上升趋势，但贸易交易量随时间发展在稳步增加，2018 年达到 591 笔，钽资源中游产品的国际贸易越来越频繁，贸易关系也越来越复杂。

表 2 - 11　1996 ~ 2021 年钽及其制品参与国家和地区数量和贸易数量　单位：个

项目	1996 年	1997 年	1998 年	1999 年	2000 年	2001 年	2002 年	2003 年	2004 年
国家和地区数	60	71	73	76	86	90	87	89	77
贸易数	253	294	297	328	398	410	384	396	399
项目	2005 年	2006 年	2007 年	2008 年	2009 年	2010 年	2011 年	2012 年	2013 年
国家和地区数	90	89	95	91	92	87	82	87	82
贸易数	430	418	432	457	460	488	497	517	515

项目	2014 年	2015 年	2016 年	2017 年	2018 年	2019 年	2020 年	2021 年	
国家和地区数	86	94	82	88	92	88	74	67	
贸易数	508	533	535	568	591	459	434	313	

资料来源：UN Comtrade.

图 2 - 8 展示了钽及其制品 1996～2021 年贸易额的变化趋势。从图中可以看到，中游产品贸易额分别在 2002～2003 年、2005～2009 年、2013～2017 年经历了持续的下降，在其他时间段有上升的趋势，2019～2021 年贸易额波动剧烈。

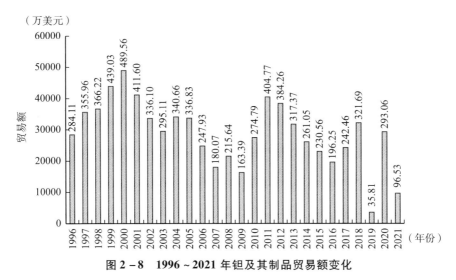

图 2 - 8 1996～2021 年钽及其制品贸易额变化

资料来源：UN Comtrade.

2.2.2.3 钽资源下游（含钽电容器）国际贸易情况分析

根据表 2 - 12，相较于上中游产品，钽资源下游产品含钽电容器的贸易参与国家数量和贸易交易数量都在较高的水平，并且在 1996～2021 年持续增加，国家数量从 89 个增长到 150 个左右，贸易交易数量从 797

笔增加到 1900 笔左右，都有了较大幅度的增加。可以看出钽资源下游的国家贸易频繁，贸易关系更加复杂。

表 2 - 12　1996~2021 年含钽电容器参与国家和地区数量和贸易数量　　单位：个

项目	1996 年	1997 年	1998 年	1999 年	2000 年	2001 年	2002 年	2003 年	2004 年
国家和地区数	89	91	92	93	129	131	126	136	129
贸易数	797	865	945	1037	1460	1470	1496	1511	1608
项目	2005 年	2006 年	2007 年	2008 年	2009 年	2010 年	2011 年	2012 年	2013 年
国家和地区数	148	155	146	145	149	149	147	142	153
贸易数	1653	1669	1747	1760	1719	1876	1818	1913	1925
项目	2014 年	2015 年	2016 年	2017 年	2018 年	2019 年	2020 年	2021 年	
国家和地区数	146	155	142	133	137	142	126	101	
贸易数	1799	1882	1835	1868	1875	1818	1751	1169	

资料来源：UN Comtrade.

图 2 - 9 展示了含钽电容器 1996~2021 年贸易额的变化。可以看到，

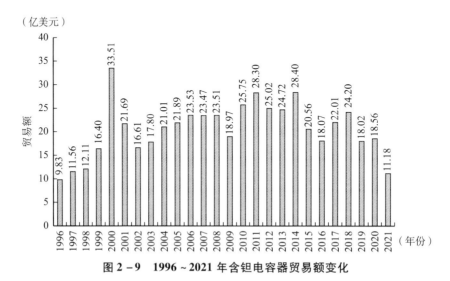

图 2 - 9　1996~2021 年含钽电容器贸易额变化

资料来源：UN Comtrade.

含钽电容器的贸易额整体呈上升趋势，但由于全球经济的不断发展和国际政治格局的不断变化，贸易额始终存在一些波动。

2.2.3　钽资源贸易进出口排名

2.2.3.1　钽资源上游（钽铌矿石）贸易进出口排名分析

表 2 - 13 展示了 1996～2021 年上游钽铌矿石进口贸易额排名。从表中可以看到，中国、美国、泰国、德国等是全球主要的进口方。早期美国是主要的上游产品进口方，从 2004 年开始，我国的进口额始终保持在第一名，另外，美国和泰国也基本稳定在前三，说明这几个国家对钽资源上游产品的需求大且较为稳定，后续英国对钽铌矿石的需求在增加。出口额情况可以从表 2 - 14 看到，澳大利亚、卢旺达、尼日利亚、刚果共和国等是主要的出口方。1996～2012 年，澳大利亚是最大的钽铌矿石出口方，其他排在前几名的出口方主要是非洲国家。随着近年来非洲多国发现大量的钽矿资源，2013～2018 年卢旺达和尼日利亚取代澳大利亚成为最主要的出口方，出口额占比显著增加。由此可以看出，出口额的排名主要受到资源依赖性的影响，而且世界的钽矿资源主要集中掌握在少数国家及地区手中。从表中可以看到钽矿主要出口方的出口额占比变化较大，这可能是由于主要资源国（地区）政府出台的相关政策影响。2015 年澳大利亚出口额骤减，这是由于澳大利亚存在资本操控炒作矿山价值的情况，导致政府采取关闭矿山的措施。

表 2 - 13　　　　1996～2021 年钽铌矿石进口贸易额排名

年份	1	2	3	4	5	6
1996	美国	捷克	中国	新加坡	泰国	巴西

年份	1	2	3	4	5	6
1997	捷克	美国	中国	新加坡	泰国	比利时—卢森堡
1998	捷克	美国	中国	泰国	新加坡	日本
1999	美国	中国	泰国	新加坡	中国香港特别行政区	日本
2000	美国	中国	泰国	新加坡	中国香港特别行政区	南非
2001	中国	美国	泰国	中国香港特别行政区	日本	南非
2002	美国	中国	泰国	德国	中国香港特别行政区	爱沙尼亚
2003	美国	中国	德国	泰国	中国香港特别行政区	爱沙尼亚
2004	中国	泰国	美国	中国香港特别行政区	日本	新加坡
2005	中国	美国	泰国	哈萨克斯坦	中国香港特别行政区	奥地利
2006	中国	美国	泰国	中国香港特别行政区	奥地利	澳大利亚
2007	中国	美国	中国香港特别行政区	泰国	新加坡	奥地利
2008	中国	美国	德国	中国香港特别行政区	哈萨克斯坦	泰国
2009	中国	中国香港特别行政区	美国	德国	哈萨克斯坦	爱沙尼亚
2010	中国	英国	泰国	中国香港特别行政区	爱沙尼亚	越南
2011	中国	英国	泰国	中国香港特别行政区	哈萨克斯坦	美国

续表

年份	1	2	3	4	5	6
2012	中国	英国	泰国	哈萨克斯坦	爱沙尼亚	美国
2013	中国	泰国	美国	哈萨克斯坦	英国	墨西哥
2014	中国	美国	泰国	中国香港特别行政区	哈萨克斯坦	英国
2015	中国	泰国	美国	哈萨克斯坦	中国香港特别行政区	爱沙尼亚
2016	中国	泰国	美国	哈萨克斯坦	中国香港特别行政区	爱沙尼亚
2017	中国	泰国	美国	中国香港特别行政区	爱沙尼亚	印度
2018	中国	泰国	美国	马来西亚	爱沙尼亚	拉脱维亚
2019	中国	泰国	美国	马来西亚	日本	越南
2020	中国	泰国	马来西亚	美国	日本	阿拉伯联合酋长国
2021	美国	马来西亚	日本	中国香港特别行政区	印度	拉脱维亚

资料来源：UN Comtrade.

表 2 – 14　　　　　　1996～2021 年钽铌矿石出口贸易额排名

年份	1	2	3	4	5	6
1996	澳大利亚	非洲关税同盟	俄罗斯联邦	埃塞俄比亚	中国	泰国
1997	澳大利亚	俄罗斯联邦	泰国	非洲关税同盟	中国	埃塞俄比亚
1998	澳大利亚	中国	非洲关税同盟	俄罗斯联邦	泰国	埃塞俄比亚
1999	澳大利亚	美国	尼日利亚	加拿大	马来西亚	刚果共和国
2000	澳大利亚	尼日利亚	美国	马来西亚	德国	卢旺达

续表

年份	1	2	3	4	5	6
2001	尼日利亚	澳大利亚	德国	刚果共和国	卢旺达	马来西亚
2002	澳大利亚	卢旺达	尼日利亚	德国	南非	马来西亚
2003	澳大利亚	尼日利亚	卢旺达	南非	刚果民主共和国	加拿大
2004	澳大利亚	德国	卢旺达	美国	尼日利亚	比利时
2005	澳大利亚	卢旺达	美国	巴西	南非	尼日利亚
2006	澳大利亚	卢旺达	美国	德国	尼日利亚	肯尼亚
2007	澳大利亚	卢旺达	尼日利亚	巴西	德国	加拿大
2008	澳大利亚	卢旺达	尼日利亚	刚果共和国	巴西	肯尼亚
2009	卢旺达	巴西	尼日利亚	澳大利亚	埃塞俄比亚	莫桑比克
2010	卢旺达	澳大利亚	德国	尼日利亚	巴西	埃塞俄比亚
2011	澳大利亚	卢旺达	尼日利亚	巴西	埃塞俄比亚	美国
2012	澳大利亚	卢旺达	尼日利亚	巴西	马来西亚	刚果民主共和国
2013	卢旺达	巴西	尼日利亚	乌克兰	德国	刚果民主共和国
2014	卢旺达	巴西	尼日利亚	德国	刚果民主共和国	澳大利亚
2015	卢旺达	尼日利亚	巴西	刚果民主共和国	德国	刚果共和国
2016	卢旺达	尼日利亚	巴西	刚果民主共和国	德国	美国
2017	尼日利亚	卢旺达	刚果民主共和国	德国	刚果共和国	巴西
2018	尼日利亚	卢旺达	刚果共和国	刚果民主共和国	德国	巴西
2019	尼日利亚	卢旺达	刚果共和国	刚果民主共和国	澳大利亚	德国

年份	1	2	3	4	5	6
2020	刚果民主共和国	尼日利亚	澳大利亚	卢旺达	刚果共和国	德国
2021	澳大利亚	刚果共和国	卢旺达	刚果民主共和国	尼日利亚	莫桑比克

资料来源：UN Comtrade.

2.2.3.2　中游（钽及其制品）贸易进出口排名分析

表 2 - 15 展示了 1996 ~ 2021 年中游钽及其制品进口贸易额排名。从表中可以看到，墨西哥、英国、美国、捷克、日本等是全球主要的进口方，近年来印度尼西亚、中国、韩国等的进口额增加较多。早期墨西哥是主要的中游产品进口方，从 2006 年开始，美国的进口额始终保持在第一名，这说明这几个国家对钽资源中游产品的需求大且较为稳定。出口额情况可以从表 2 - 16 看到，美国、中国、日本、德国等是主要的出口方。1996 ~ 2007 年，美国和日本是最主要的钽资源中游产品出口方，从 2008 年开始，我国出口贸易额已跻身全球前三名。由此可以看到中游产品贸易对于钽矿资源禀赋的依赖较小，主要依靠进口上游钽矿资源进行加工。

表 2 - 15　　　　1996 ~ 2021 年钽及其制品进口贸易额排名

年份	1	2	3	4	5	6
1996	墨西哥	英国	美国	捷克	日本	德国
1997	墨西哥	英国	美国	德国	日本	以色列
1998	墨西哥	英国	美国	捷克	以色列	德国
1999	墨西哥	英国	美国	捷克	德国	以色列
2000	墨西哥	英国	美国	捷克	日本	以色列

年份	1	2	3	4	5	6
2001	墨西哥	英国	美国	德国	以色列	捷克
2002	墨西哥	英国	捷克	以色列	美国	德国
2003	墨西哥	英国	以色列	捷克	日本	美国
2004	墨西哥	美国	捷克	英国	以色列	日本
2005	墨西哥	美国	以色列	捷克	日本	德国
2006	美国	墨西哥	以色列	日本	捷克	葡萄牙
2007	美国	捷克	墨西哥	日本	泰国	中国
2008	美国	捷克	墨西哥	中国	日本	泰国
2009	美国	中国	墨西哥	捷克	泰国	日本
2010	美国	捷克	墨西哥	中国	日本	以色列
2011	美国	捷克	中国	墨西哥	德国	日本
2012	美国	墨西哥	中国	捷克	日本	印度尼西亚
2013	美国	墨西哥	捷克	中国	德国	韩国
2014	美国	墨西哥	捷克	印度尼西亚	中国	日本
2015	美国	墨西哥	印度尼西亚	捷克	日本	韩国
2016	美国	印度尼西亚	墨西哥	韩国	日本	萨尔瓦多
2017	美国	印度尼西亚	墨西哥	韩国	萨尔瓦多	中国
2018	美国	印度尼西亚	中国	韩国	萨尔瓦多	德国
2019	韩国	中国	美国	德国	日本	法国
2020	中国	韩国	美国	哥斯达黎加	德国	法国
2021	美国	德国	日本	英国	萨尔瓦多	瑞士

资料来源：UN Comtrade.

表 2 – 16　　　　　　　1996~2021 年钽及其制品出口贸易额排名

年份	1	2	3	4	5	6
1996	美国	捷克	英国	日本	德国	中国
1997	美国	捷克	日本	德国	中国	奥地利

续表

年份	1	2	3	4	5	6
1998	美国	日本	捷克	英国	德国	中国
1999	美国	日本	中国	德国	捷克	英国
2000	美国	日本	德国	中国	英国	泰国
2001	美国	日本	中国	德国	哈萨克斯坦	英国
2002	美国	日本	德国	中国	英国	哈萨克斯坦
2003	美国	日本	德国	中国	泰国	奥地利
2004	美国	日本	德国	英国	中国	泰国
2005	美国	日本	中国	德国	英国	泰国
2006	美国	日本	中国	德国	泰国	哈萨克斯坦
2007	美国	日本	中国	德国	哈萨克斯坦	泰国
2008	美国	中国	日本	德国	哈萨克斯坦	泰国
2009	中国	美国	日本	以色列	哈萨克斯坦	德国
2010	中国	日本	美国	德国	以色列	泰国
2011	中国	美国	日本	德国	以色列	哈萨克斯坦
2012	中国	美国	日本	德国	哈萨克斯坦	泰国
2013	中国	美国	日本	哈萨克斯坦	泰国	德国
2014	中国	美国	日本	泰国	德国	哈萨克斯坦
2015	美国	中国	日本	德国	泰国	哈萨克斯坦
2016	美国	中国	日本	德国	泰国	哈萨克斯坦
2017	美国	中国	日本	泰国	德国	以色列
2018	中国	美国	日本	泰国	德国	以色列
2019	美国	中国	日本	以色列	德国	奥地利
2020	美国	中国	以色列	日本	奥地利	德国
2021	中国	美国	奥地利	哈萨克斯坦	德国	荷兰

资料来源：UN Comtrade.

2.2.3.3　下游（含钽电容器）贸易进出口排名分析

表 2 – 17 展示了 1996 ~ 2021 年下游含钽电容器进口贸易额排名。从表中可以看到，美国、中国、新加坡、韩国、德国等是全球主要的进口方。早期美国的进口额保持在第一名，从 2004 年开始我国取代美国成为第一大进口方，这说明这几个国家对钽资源中游产品的需求大且较为稳定。出口额情况可以从表 2 – 18 看到，与中游产品出口类似，美国、中国、日本、捷克等是主要的出口方。我国和日本是最主要的钽资源下游产品的出口方。由此可以看到下游产品贸易对于钽矿资源禀赋的依赖也较小。

表 2 – 17　　　　　1996 ~ 2021 年含钽电容器进口贸易额排名

年份	1	2	3	4	5	6
1996	美国	新加坡	英国	德国	韩国	法国
1997	美国	新加坡	英国	荷兰	德国	韩国
1998	美国	新加坡	英国	德国	荷兰	中国香港特别行政区
1999	美国	新加坡	德国	英国	韩国	中国香港特别行政区
2000	美国	德国	新加坡	韩国	中国香港特别行政区	英国
2001	美国	德国	韩国	新加坡	日本	墨西哥
2002	美国	中国	韩国	日本	中国香港特别行政区	新加坡
2003	美国	中国	中国香港特别行政区	韩国	日本	新加坡
2004	中国	美国	中国香港特别行政区	韩国	新加坡	德国
2005	中国	美国	中国香港特别行政区	韩国	新加坡	日本

续表

年份	1	2	3	4	5	6
2006	中国	美国	中国香港特别行政区	韩国	新加坡	日本
2007	中国	美国	中国香港特别行政区	韩国	日本	德国
2008	中国	美国	中国香港特别行政区	德国	韩国	日本
2009	中国	中国香港特别行政区	美国	韩国	德国	日本
2010	中国	中国香港特别行政区	美国	德国	韩国	新加坡
2011	中国	中国香港特别行政区	美国	德国	韩国	捷克
2012	中国	中国香港特别行政区	美国	德国	韩国	捷克
2013	中国	中国香港特别行政区	美国	德国	韩国	捷克
2014	中国	中国香港特别行政区	德国	美国	韩国	捷克
2015	中国	中国香港特别行政区	美国	德国	韩国	捷克
2016	中国	中国香港特别行政区	德国	美国	韩国	捷克
2017	中国	中国香港特别行政区	德国	美国	韩国	新加坡
2018	中国	中国香港特别行政区	德国	美国	韩国	新加坡
2019	中国	中国香港特别行政区	美国	德国	韩国	墨西哥

续表

年份	1	2	3	4	5	6
2020	中国	中国香港特别行政区	韩国	德国	美国	马来西亚
2021	中国香港特别行政区	德国	美国	墨西哥	捷克	马来西亚

资料来源：UN Comtrade.

表 2-18　　　　　　　1996~2021 年含钽电容器出口贸易额排名

年份	1	2	3	4	5	6
1996	美国	捷克	日本	墨西哥	以色列	英国
1997	美国	捷克	墨西哥	日本	以色列	泰国
1998	捷克	美国	墨西哥	日本	以色列	泰国
1999	美国	捷克	墨西哥	日本	以色列	泰国
2000	美国	捷克	日本	墨西哥	葡萄牙	以色列
2001	捷克	美国	日本	葡萄牙	墨西哥	以色列
2002	日本	捷克	美国	以色列	墨西哥	泰国
2003	日本	捷克	美国	泰国	以色列	墨西哥
2004	日本	捷克	泰国	以色列	美国	中国
2005	日本	捷克	中国	墨西哥	泰国	美国
2006	日本	墨西哥	中国	捷克	泰国	美国
2007	日本	中国	泰国	捷克	墨西哥	美国
2008	日本	中国	墨西哥	泰国	捷克	美国
2009	中国	日本	捷克	美国	泰国	墨西哥
2010	中国	日本	泰国	捷克	美国	墨西哥
2011	中国	日本	捷克	泰国	美国	印度尼西亚
2012	中国	日本	捷克	印度尼西亚	美国	萨尔瓦多
2013	中国	日本	捷克	美国	印度尼西亚	萨尔瓦多

年份	1	2	3	4	5	6
2014	中国	美国	捷克	日本	印度尼西亚	泰国
2015	中国	印度尼西亚	捷克	日本	泰国	美国
2016	印度尼西亚	日本	中国	泰国	捷克	萨尔瓦多
2017	中国	印度尼西亚	日本	萨尔瓦多	泰国	美国
2018	中国	日本	印度尼西亚	萨尔瓦多	捷克	泰国
2019	中国	日本	印度尼西亚	泰国	美国	捷克
2020	中国	泰国	日本	印度尼西亚	美国	萨尔瓦多
2021	美国	萨尔瓦多	中国	捷克	墨西哥	日本

资料来源：UN Comtrade.

2.3　全球铍资源流动现状分析

根据美国地质调查局（USGS，2022）数据显示，全球已知的铍资源超过 10 万吨。这些资源中约 60% 在美国，哈萨克斯坦、莫桑比克、中国也是较为重要的铍生产国。但由于其稀缺性，目前主要还是应用在国防军工领域。由于联合国商品贸易数据库数据的限制，本研究将对可获得的铍相关贸易数据进行分析。

2.3.1　铍资源禀赋及价格

据估计，全球已查明的铍资源量超过 10 万吨。这些资源中约有 60% 在美国：犹他州的斯波尔山地区、内华达州的麦卡洛布特地区、南达科他州的黑山地区、得克萨斯州的塞拉布兰卡地区、阿拉斯加州的西沃德半岛和犹他州的金山地区。我国是铍资源大国，我国铍矿床分布在

15 个省（区），其中新疆、内蒙古、四川、云南 4 个省（区）占总储量比重较大。

表 2-19 列示了全球主要资源国铍产量，由此表可知，2011~2015年和 2016~2021 年，铍的产量都呈上升趋势，2015 年和 2021 年产量分别达到 300 吨和 260 吨。全球铍产量上升主要是由于日本等发达国家将加工厂转移至我国，加之我国本地工厂的实力也开始增强，我国的铍产量有较大的增幅。

表 2-19　　　　　　　2011~2021 年全球主要资源国铍产量　　　　单位：吨

国家	2011年	2012年	2013年	2014年	2015年	2016年	2017年	2018年	2019年	2020年	2021年
美国	235	200	235	270	275	155	170	165	160	165	170
巴西	—	—	—	—	—	5	3	3	3	3	3
中国	22	25	20	20	20	50	50	48	70	70	70
马达加斯加	—	—	—	—	—	6	6	6	1	1	1
莫桑比克	2	2	6	2	2	—	—	16	15	3	3
尼日利亚	—	—	—	—	—	6		4	1	1	1
卢旺达	—	—	—	—	—	1	—	1	1	1	1
乌干达	—	—	—	—	—	—	—	—	—	7	7
全球	260	230	260	290	300	220	230	240	250	250	260

注："—"表示产量数据不详。
资料来源：USGS.

图 2-10 描述了 2011~2021 年全球铍平均价格变化，可见从 2011~2021 年全球铍价格（4% 铍含量）变化可以看到，由于铍在航空航天、军工领域等不可或缺的应用，铍的重要性日渐显现，铍价格呈现局部略有起伏、整体稳步上升的趋势。

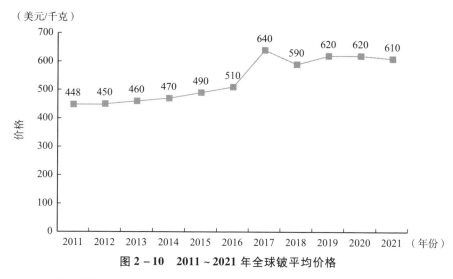

图 2-10　2011~2021 年全球铍平均价格

资料来源：USGS.

2.3.2　铍资源贸易规模

铍是一种灰白色的碱土金属，在高新技术、航空航天、国防武器装备制造等关键领域具有关键应用，终端市场需求的增加将对铍资源需求的增长形成强有力的支撑，随着世界各国军事工业和尖端科学的发展，尤其是原子能工业，未来对铍及铍产品的需求将继续保持增长态势。从表 2-20 中的数据可以看到，2000~2020 年，全球铍及其制品贸易参与国家及地区数量从 49 个增加至 2013 年的 71 个，而后在 65 个左右波动，贸易数量从 2000 年的 160 个增加到 2015 年的 232 个，随后贸易数量逐步降低。一方面，铍因其在国防军事等关键领域的关键应用，被众多国家列为关键矿种，在新技术革命背景下，其重要性日渐凸显，贸易参与国与贸易复杂度随时间逐渐增加；另一方面，各个国家开始逐渐认识到铍资源的重要战略价值，主动采取一定的贸易保护措施，从而贸易数量有所减少。

表 2 – 20　　　　　　　 2000～2020 年铍及其制品贸易参与

国家和地区数量和贸易数量　　　　　单位：个

项目	2000 年	2001 年	2002 年	2003 年	2004 年	2005 年	2006 年	2007 年
国家和地区数	49	54	52	54	59	59	61	63
贸易数	160	163	192	285	182	181	185	203
项目	2008 年	2009 年	2010 年	2011 年	2012 年	2013 年	2014 年	2015 年
国家和地区数	65	64	68	58	64	71	60	65
贸易数	215	190	213	194	189	193	208	232
项目	2016 年	2017 年	2018 年	2019 年	2020 年			
国家和地区数	63	69	67	67	61			
贸易数	231	202	197	180	104			

资料来源：UN Comtrade.

　　图 2 – 11 展示了铍及其制品 2000～2020 年贸易额的变化。从图中可以看到铍及其制品的贸易额在波动中呈增长态势。但由于其用量的有限性，贸易额在近几年没有出现较大幅度的增长。

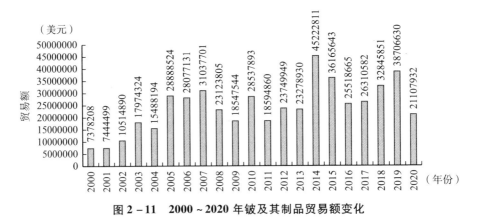

图 2 – 11　2000～2020 年铍及其制品贸易额变化

资料来源：UN Comtrade.

2.3.3　铍资源贸易进出口排名

表 2 -21 展示了 2000 ~ 2020 年铍及其制品进口贸易额排名。从表中可以看到，日本、新加坡、俄罗斯、英国、法国、德国等国家是全球主要的进口方。其中，日本和俄罗斯对铍及其制品的国际需求始终较高，英国、德国等西欧工业国家对铍及其制品的进口需求也保持在较高的水平。

表 2 – 21　　　　　2000 ~ 2020 年铍及其制品进口贸易额排名

年份	1	2	3	4	5	6
2000	日本	法国	德国	英国	美国	新加坡
2001	日本	英国	德国	法国	加拿大	荷兰
2002	新加坡	德国	英国	日本	法国	俄罗斯
2003	英国	新加坡	美国	日本	德国	中国香港特别行政区
2004	新加坡	日本	德国	俄罗斯	英国	法国
2005	俄罗斯	新加坡	日本	美国	法国	德国
2006	俄罗斯	英国	日本	德国	新加坡	法国
2007	俄罗斯	美国	英国	德国	新加坡	日本
2008	俄罗斯	德国	法国	日本	英国	新加坡
2009	俄罗斯	法国	日本	新加坡	德国	英国
2010	英国	新加坡	日本	法国	德国	荷兰
2011	新加坡	日本	德国	法国	俄罗斯	南非
2012	新加坡	俄罗斯	瑞士	日本	法国	德国
2013	俄罗斯	日本	英国	新加坡	法国	德国
2014	印度	比利时	新加坡	俄罗斯	法国	日本
2015	印度	日本	德国	新加坡	中国	法国

续表

年份	1	2	3	4	5	6
2016	日本	法国	德国	新加坡	比利时	俄罗斯
2017	日本	新加坡	法国	德国	英国	中国
2018	日本	新加坡	法国	中国	德国	西班牙
2019	日本	英国	德国	西班牙	法国	中国香港特别行政区
2020	日本	新加坡	法国	德国	韩国	英国

资料来源：UN Comtrade.

出口额情况可以从表 2 - 22 的 2000 ~ 2020 年铍及其制品排名中看到，美国和哈萨克斯坦作为铍的主要资源储量和生产国，其出口额基本稳定在前两位并且贸易额占比很高。目前全球只有美国、中国、俄罗斯等国具有从铍矿石开采、提取冶金到铍金属及合金加工的完整铍工业体系。无论从市场份额来看，还是技术领先度来看，美国 Materion 公司在铍产业中具有较大的话语权。此外，哈萨克斯坦的乌尔巴冶金厂（苏联铍业冶炼厂）、中国的水口山集团公司都具有冶炼加工能力。日本的 NGK 公司是全球第二大铍铜生产商。从出口贸易额排名来看，美国、哈萨克斯坦、日本、俄罗斯占据主要位置，而中国由于国内需求较大，其生产的消费主要面对国内用户。

表 2 - 22   2000 ~ 2020 年铍及其制品出口贸易额排名

年份	1	2	3	4	5	6
2000	美国	英国	日本	德国	挪威	法国
2001	美国	英国	日本	奥地利	法国	德国
2002	美国	哈萨克斯坦	日本	印度尼西亚	英国	德国
2003	美国	哈萨克斯坦	英国	日本	俄罗斯	挪威

续表

年份	1	2	3	4	5	6
2004	美国	哈萨克斯坦	日本	俄罗斯	挪威	英国
2005	哈萨克斯坦	美国	日本	英国	挪威	俄罗斯
2006	美国	哈萨克斯坦	俄罗斯	日本	法国	挪威
2007	美国	哈萨克斯坦	英国	挪威	日本	法国
2008	美国	哈萨克斯坦	日本	意大利	挪威	法国
2009	美国	哈萨克斯坦	德国	日本	俄罗斯	新加坡
2010	美国	德国	日本	加拿大	英国	南非
2011	美国	哈萨克斯坦	日本	澳大利亚	德国	英国
2012	美国	哈萨克斯坦	日本	德国	法国	英国
2013	美国	哈萨克斯坦	法国	德国	菲律宾	日本
2014	尼日利亚	美国	哈萨克斯坦	菲律宾	新加坡	挪威
2015	尼日利亚	美国	哈萨克斯坦	瑞士	俄罗斯	德国
2016	美国	哈萨克斯坦	俄罗斯	挪威	德国	马来西亚
2017	美国	哈萨克斯坦	其他亚洲国家	英国	德国	马来西亚
2018	美国	荷兰	哈萨克斯坦	英国	德国	尼日利亚
2019	美国	西班牙	哈萨克斯坦	俄罗斯	日本	德国
2020	美国	德国	日本	英国	西班牙	拉脱维亚

资料来源：UN Comtrade.

第3章

全球稀有金属资源流动格局演变分析

近年来，随着"再工业化战略"在发达国家的实施，国家战略重点已慢慢发生转移，向新能源、新材料等战略性新兴产业转变，而稀有金属正是这些战略性新兴产业发展的原材料。全球稀有金属激烈竞争的态势与我国稀有金属面临对外依存度过高的现状导致了我国稀有金属资源面临巨大的供应风险。全球政经格局变迁与新技术革命的"双重"叠加，要求稀有金属资源的供应安全评估需要在资源流动视角下进行科学分析和判断。为此，本研究首先构建全球稀有金属资源流动网络模型，并基于复杂网络的分析方法，解析全球稀有金属流动格局的演化特征和演化规律，从而对稀有金属资源流动格局的演变趋势进行科学预判。

3.1 全球稀有金属资源流动网络构建

将所选贸易数据按照年份构建成不同的复杂网络模型，若 t 年第 i 国向第 j 国出口钽矿资源，则邻接方阵中 $a_{ij}(t)=1$，在复杂网络中建立一条从节点 i 到节点 j 的边；若 t 年第 i 国与第 j 国没有钽矿贸易关系，则邻接方阵中 $a_{ij}(t)=0$，在复杂网络中从 i 节点到 j 节点没有边存在，权重用 w 表示。加权有向复杂网络同样以邻接方阵表示，若 t 年第 i 国向第 j 国出口钽矿，则方阵中 $w_{ij}(t)$ 表示出口贸易额，在复杂网络中建立一条从 i 节点到 j 节点的有权重的边，否则，从节点 i 到节点 j 没有边存在。

3.1.1　数据说明

基于复杂网络理论，利用从 UN Comtrade 数据库网站下载的锂、钽资源国际贸易数据，构建全球稀有金属资源流动网络。具体来说，针对锂资源，基于数据可获得性，选取商品为锂的氧化物及氢氧化物（HS 编码：282520）和碳酸锂（HS 编码：283691），单位是千克（kg），并选择进口数据进行后续的分析研究。

对于钽资源，基于数据可获得性，构建全球钽资源产业链流动网络，分析其全球流动格局演变规律。为了量化各类含钽产品的流量，将钽资源产业链划分为上游、中游和下游产业，对应代表性钽产品：上游—钽铌矿石（HS 编码：261590）；中游—钽废料（HS 编码：810390）和下游—含钽电容器（HS 编码：853221）。通过对钽资源产业链中从初级产品到最终产品的所有含钽产品的识别和分析，构建全球钽资源流动网络，定量分析全球贸易中钽元素流动的特征和演变过程。

3.1.2　资源流动网络整体特征指标的计算

使用 3 种测量指标来刻画全球稀有金属流动网络的整体特征：平均度、平均加权度和网络密度。

平均度和平均加权度对网络整体而言，平均度为该网络中所有节点的度的平均值；同样地，平均加权度为该网络中所有节点的加权度的平均值。平均度和平均加权度可反映网络整体的连通程度。

网络密度用于测量网络中节点之间关系的紧密度。密度越大，网络中个体之间的关系越紧密。网络密度测度网络的规模，在流动网络中反映贸易规模。网络密度 ρ 计算公式可以表示为：

$$\rho = \frac{M}{N(N-1)} \qquad (3-1)$$

其中，N 指网络中国家的数量，M 表示网络中的实际联系数。

3.1.3　资源流动网络个体特征指标的计算

为表征一个国家在流动网络中的地位，测量了 6 种类型的中心度指标：入度、出度、入度中心度、出度中心度、接近中心度、中介中心度。节点的度值是指网络中节点的边数，入度是指指向该节点的边数，出度是指该节点指向其他点的边数。在全球资源流动网络中，度值是指一个国家的直接贸易关系总数，它反映了这个国家的直接影响范围，度值越大的国家拥有的直接贸易关系越多，其影响力可以到达的国家范围也越大。一个国家的入度是指其进口关系总数，一个国家的出度是指其出口关系总数。

出度的计算公式如下：

$$K_i^{out}(t) = \sum_{j=1}^{N(t)} a_{ij}(t) \qquad (3-2)$$

入度的计算公式如下：

$$K_i^{in}(t) = \sum_{j=1}^{N(t)} a_{ji}(t) \qquad (3-3)$$

其中，$N(t)$ 为第 t 年稀有金属无权网络中国家的总数，$a_{ij}(t)$ 和 $a_{ji}(t)$ 为第 t 年稀有金属国际贸易无权网络邻接矩阵的数值。

度数中心度是反映节点在网络上中心性最直观的指标，在有向网络中可以分解为入度中心度和出度中心度。入度中心度计算输入边的数量，而出度中心度则测度输出边的数量，这两个指标有助于更详细地描述度数中心度。度数中心度被分别定义为：

$$C_{(d)i} = \sum_{j=1}^{n} a_{ij} w_{ji} \tag{3-4}$$

入度中心度被分别定义为：

$$C_{(d)i}^{in} = \sum_{j=1}^{n} a_{ji} w_{ji} \tag{3-5}$$

出度中心度被分别定义为：

$$C_{(d)i}^{out} = \sum_{j=1}^{n} a_{ij} w_{ij} \tag{3-6}$$

其中，$C_{(d)i}$、$C_{(d)i}^{in}$ 和 $C_{(d)i}^{out}$ 分别表示节点 i 的度数中心度、入度中心度和出度中心度。如果节点 i 和 j 之间存在直接的贸易关系，$a_{ij} = 1$，否则 $a_{ij} = 0$；w_{ij} 代表节点 i，j 之间边的权重。

接近中心度为节点 i 和所有其他节点之间的最短路径长度之和的倒数。在复杂网络中用于刻画网络中节点通过网络到达网络中其他节点的难易程度。节点的接近中心度越大，其贸易路径越短；在贸易网络中对其他节点依赖性越低，越不易受别国的限制，贸易越顺畅。节点 i 的接近中心度定义为：

$$C_{(c)i} = \cfrac{1}{\sum\limits_{j=1, j \neq i}^{N} d_{ij}} \tag{3-7}$$

中介中心度是用来衡量网络中某一节点作为网络中其他节点相互联系媒介的能力与地位，是复杂网络中度量国际贸易中各个国家和地区对资源控制能力的重要指标，刻画了整个流动网络中节点和边的重要性。中介中心度可以理解为一个节点恰好位于其他两点之间的最短路径上的概率。最短路径是指从节点 i 到节点 j 途中经过节点数最少的那条路径。该指标反映了某国家或地区对资源流动的控制能力，该值越高，表明对贸易的控制能力越强，反之则越弱。中介中心度公式为：

$$BC(i) = \sum_{x \neq i \neq y} \frac{b_{xy}(i)}{b_{xy}} \qquad\qquad (3-8)$$

其中，b_{xy} 是节点 x 和节点 y 之间存在的最短路径的总条数，$\dfrac{b_{xy}(i)}{b_{xy}}$ 为这些最短路径有多少经过节点 i。

3.2　锂资源流动网络及演化分析

　　我国是全球重要的锂矿资源储量与消费大国，其储量和消费量均居全球前列。然而，国内锂矿资源在开发利用过程中，依然面临着资源禀赋较差、开采技术落后、生产模式粗放、产业结构失衡、环境污染严重等一系列问题，导致我国锂矿资源主要依赖进口，对外依存度常年超过80%。近年来，我国开始在新能源汽车领域持续发力，并成为全球最大的电动汽车市场，这意味着，未来我国对作为动力电池主要成分的锂资源的需求仍可能急剧增加（邢佳韵等，2015）。在这种背景下，锂资源面临对外依存度过高的现状导致了我国锂资源面临着巨大的供应风险，且风险将长期存在。因此，确保稳定充足的锂资源供应变得越来越重要。

　　鉴于此，通过国际贸易使锂资源在各国及地区间流动是解决资源分布不均和供需矛盾的重要手段。一方面锂资源的全球流动使锂资源从资源禀赋富裕的国家或区域流向资源禀赋差和资源需求高的国家或地区，形成了复杂的资源流动格局。对于各国及地区政府来说，制定科学的锂资源国际贸易战略是促进相关产业可持续发展的重要保障，而对锂资源国际流动格局以及各国之间关系的准确把握，是制定科学的锂资源国际贸易战略的重要前提和保证。作为全球最大的锂消费国，我国锂资源的提取技术和产量远远不足以供应当前国内的巨大需求，我国锂资源需要通过全球范围的资源流动缓解供应不足的问题，因此识别和解析全球锂资源流动格局演变的特征和规律是保障我国锂资源供应安全的基础。

另一方面，锂资源在全球各个国家及地区之间的流动不仅以矿石形态进行，还以化合物如碳酸锂和氢氧化锂，以及最终产品如智能手机、电脑、锂离子电池等形态进行。因此，同样 1 千克的锂被赋予到不同形态的产品上会具有不同的环境和经济价值。由此可见，在全球经济一体化的大背景下，各国的锂资源贸易并不是一个单一产品的系统，而是以不同形态在产业链的各个环节都与外部国家有着密切的联系，以贸易的形式进行着频繁的物质流动，从而构成一个关系密切、具有开放性和复杂性的全球贸易系统。

3.2.1　锂资源流动网络整体格局分析

3.2.1.1　锂资源贸易关系

表 3 - 1 是锂的氧化物及氢氧化物国际贸易关系表，选取其中 5 个年份的锂资源全球流动网络中参与国贸易关系数量进行详细分析，所选年份分别是 1998 年、2003 年、2008 年、2013 年和 2018 年。表中描述了参与锂资源（锂的氧化物及氢氧化物、碳酸锂）国际贸易的国家数量和贸易关系对数情况。由此表可知，在这些年份中，参与锂资源贸易的国家（地区）数量基本处于小幅波动总体增加的态势，从早期的 80 个国家（地区）稳步增长到 100 ~ 120 个国家（地区）；贸易关系的数量增加态势更加明显，参与锂的氧化物及氢氧化物国际贸易的国家（地区）数量从 1996 年的 303 对，增长到 517 对。参与碳酸锂资源国际贸易的国家（地区）数量从 1996 年的 298 对，增长到 577 对。因此，锂资源国际贸易关系处于越来越复杂的情况。

表 3 – 1　　　　　　　　锂的氧化物及氢氧化物资源国际贸易关系

年份	锂的氧化物及氢氧化物		碳酸锂	
	国家（地区）数量	贸易关系数量	国家（地区）数量	贸易关系数量
1998	80	303	80	298
2003	112	420	107	456
2008	113	458	115	508
2013	113	484	116	521
2018	108	517	113	577

资料来源：UN Comtrade.

3.2.1.2　锂资源贸易重要性

图 3 – 1 是 1996~2018 年锂的氧化物及氢氧化物全球流动网络的平均度和平均加权度，平均度从 1996 年的 20 左右增长到 2018 年的 60，中间大致经历了较快的增长，然后开始降低，整体波动情况不大。平均度越高，说明流动网络中国家（地区）的平均重要性越高。这从整体上说明了参与锂资源贸易的各个国家（地区）的平均重要性有一定的提升。另外，平均加权度整体上呈现缓慢上升态势，在 2014 年后上升速度明显加快。近年全球锂资源贸易国的平均贸易量波动起伏比较大，其中在 2010 年出现阶段性最低值，这可能由于 2008 年的国际金融事件导致整体经济环境不稳定性增加，使得国际平均贸易量处于低谷，在 2011 年后有所缓解，从而使得平均贸易量逐渐攀升。

图 3 – 2 是 1996~2018 年碳酸锂资源全球流动网络的平均度和平均加权度。平均度从 1996 年的 20 左右增长到 2018 年的 70 左右，增长速度较快但较平缓。在 2015 年突然降低，整体波动情况不大，呈现稳步上升趋势。这说明了参与碳酸锂资源贸易的各个国家（地区）的平均重要性有一定的提升。另外，碳酸锂的平均加权度整体上高于锂的氧化物及

氢氧化物的平均加权度，整体上呈上升态势，但于 2018 年出现突发性下降。全球碳酸矿贸易国的平均贸易量波动起伏比较大，阶段性低点分别产生于 2009 年、2015 年和 2018 年。可能由于 2008 年全球金融危机、欧债危机等国际金融事件，导致平均贸易量阶段性下降。

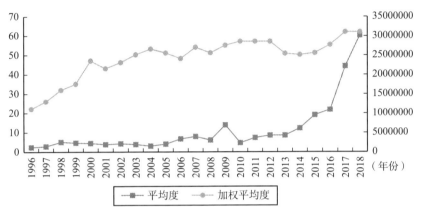

**图 3 - 1　1996 ~ 2018 年锂的氧化物及氢氧化物
全球流动网络的平均度和平均加权度**

注：通过公式及计算得出。

资料来源：UN Comtrade.

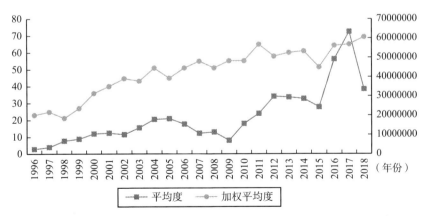

图 3 - 2　1996 ~ 2018 年碳酸锂全球流动网络的平均度和平均加权度

注：通过公式及计算得出。

资料来源：UN Comtrade.

3.2.1.3　锂资源贸易规模

网络密度是用来衡量参与国际贸易的各国之间联系紧密程度的指标，是网络的关键特征，网络中关联关系的数量越多，则网络密度越大，节点间联结得越紧密，网络密度就会越人。

通过计算得到网络密度图，图 3 - 3 展示了 1996 ~ 2018 年锂资源（锂的氧化物及氢氧化物、碳酸锂）全球流动网络紧密程度的变化情况。对于锂的氧化物及氢氧化物而言，网络密度从 1996 年的 0.06 左右下降至 2018 年的 0.04 左右，整体处于波动下降趋势，比如 2000 年、2005 年、2012 年有明显的增强势头，这主要是由于当年参与贸易的国家（地区）有所减少，而贸易关系数量维持稳定，导致网络密度值有所上升；对于碳酸锂而言，网络密度从 1996 年的 0.045 左右快速上升至 1997 年的 0.065 左右，之后下降至 0.04 ~ 0.05 之间波动，整体情况与锂的氧化物及氢氧

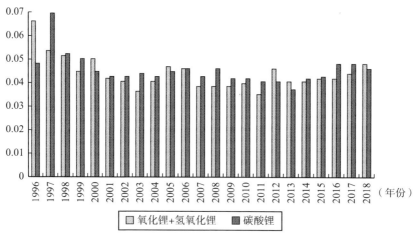

图 3 - 3　1996 ~ 2018 年锂资源全球流动网络密度

注：通过公式及计算得出。

资料来源：UN Comtrade.

化物的类似。而锂资源在1997～2003年包括入度、加权度和网络密度有比较明显的下降态势，2001～2003年，全球经济处于低速增长的大氛围中，然而，发展中国家，特别是新兴市场经济体，经历了经济衰退和更大的政策不确定性。因此，它们对整个国际资本的吸引力较小，导致国际贸易出现下降趋势。之后2005～2006年的网络密度值就比较稳定，整体国际贸易形势发展比较平缓；2013年后，全球经济继续呈现温和复苏态势，锂资源国际贸易形式也有所缓和，促进了网络密度小幅上升。

3.2.2　锂资源流动网络个体特征分析

3.2.2.1　锂资源贸易地位

表3-2描述了锂资源在样本期国际贸易地位的变化情况，选取贸易入度、出度位列前三的国家展示。在1998年锂资源国际贸易地位中，从入度指标来看，美国、德国和中国分别占据前三位，从出度指标来看，德国和中国同样占据前两位，可见在1998年，德国和中国在锂的氧化物及氢氧化物的贸易中位于主导地位。同年碳酸锂的进出口情况则有所不同，除了德国、美国外，智利、西班牙和法国等国家也一定程度上主导了碳酸锂的贸易往来。

表3-2　　　　　　　　锂资源国际贸易地位——入度和出度

年份	锂的氧化物及氢氧化物		碳酸锂	
	入度	出度	入度	出度
	美国	德国	德国	德国
1998	德国	中国	美国	西班牙
	中国	英国	智利	法国

年份	锂的氧化物及氢氧化物		碳酸锂	
	入度	出度	入度	出度
2003	美国	西班牙	德国	西班牙
	德国	德国	美国	泰国
	中国	中国	中国	德国
2008	美国	美国	德国	德国
	德国	比利时	中国	丹麦
	中国	加拿大	美国	捷克
2013	德国	法国	德国	法国
	美国	加拿大	中国	德国
	中国	西班牙	美国	中国
2018	德国	荷兰	中国	荷兰
	美国	韩国	德国	中国
	中国	中国	美国	美国
2020	荷兰	中国	荷兰	中国
	加拿大	德国	德国	德国
	中国	美国	印度	美国

注：通过公式及计算得出排名。

资料来源：UN Comtrade.

整体来看，锂的氧化物及氢氧化物的最大进口方主要在美国、德国和中国三个大国中产生，这说明，对于锂的氧化物及氢氧化物的全球贸易而言，美国、德国和中国的需求最强烈。但在锂的氧化物及氢氧化物出口方面，情况更为复杂，主要出口方随着经济发展不断变化，对于锂的氧化物及氢氧化物的贸易主导权未呈现垄断趋势。美国、德国和中国对于碳酸锂的需求同样强烈。而碳酸锂出口则大部分来源于德国。综合来说，德国在锂资源的贸易地位具有显著的主导地位，是锂资源进口和出口大国。

3.2.2.2　锂资源贸易影响力

表 3 - 3 列出了锂资源在国际贸易中的入度中心度和出度中心度排名前 3 的国家。就锂的氧化物及氢氧化物的入度中心度而言，智利在 2008 年超越美国成为第一大进口方，我国在 2018 年超越智利成为第一大进口方，而荷兰在 2020 年跃升成为第一大进口方。锂的氧化物及氢氧化物的主要需求国家是中国、美国、荷兰和智利。而值得注意的是，日本逐渐成为主要的进口方；对于碳酸锂而言，主要进口方主要是智利、阿根廷、美国和中国，其中，智利为碳酸锂的主要出口方。

表 3 - 3　　　　　　锂资源流动网络入度中心度和出度中心度

年份	锂的氧化物及氢氧化物		碳酸锂	
	入度中心度	出度中心度	入度中心度	出度中心度
1998	美国	德国	智利	美国
	荷兰	墨西哥	阿根廷	日本
	中国	日本	美国	中国
2003	美国	德国	智利	日本
	荷兰	日本	美国	德国
	中国	墨西哥	阿根廷	中国
2008	智利	日本	智利	美国
	美国	比利时	阿根廷	日本
	中国	印度	美国	德国
2013	智利	比利时	智利	中国
	美国	日本	阿根廷	韩国
	中国	印度	中国	日本
2018	中国	日本	智利	韩国
	美国	韩国	阿根廷	日本
	智利	西班牙	中国	美国

续表

年份	锂的氧化物及氢氧化物		碳酸锂	
	入度中心度	出度中心度	入度中心度	出度中心度
2020	荷兰	中国	荷兰	中国
	加拿大	德国	德国	德国
	中国	美国	印度	美国

注：通过公式及计算得出排名。

资料来源：UN Comtrade.

通过观察出度中心度，从 1998～2003 年德国和墨西哥锂的氧化物及氢氧化物出口占据主要贸易地位，但德国近年来逐渐淡出主要出口方的行列，而比利时的出口能力逐渐增强。碳酸锂的出口则基本由美国、日本、中国和韩国主导，2013 年，中国超越美国成为碳酸锂的主要出口方，但 2018 年被韩国所代替，而我国在 2020 年又重新成为碳酸锂的主要出口方。

3.2.2.3　锂资源贸易控制力

表 3-4 列出了锂资源在国际贸易中接近中心度和中介中心度排名前三的国家。在 1998 年的全球流动网络接近中心度中，印度、德国、西班牙分别是锂的氧化物及氢氧化物资源流动网络接近中心度的前三名，可以看出印度、德国、西班牙在网络中的独立能力最强。从中介中心度可以发现，德国、中国和波兰在流动网络中是最重要的媒介，起着关键的"桥梁"作用，有很强的控制力。而在碳酸锂资源流动网络中，接近中心度前三名分别是德国、西班牙和日本，中介中心度前三名是德国、中国、日本。可以看出，德国在锂资源的全球流动网络中处于高度独立地位，德国和中国是锂资源贸易的重要媒介。

表 3-4　　　　　　　　　锂资源流动网络接近中心度和中介中心度

年份	锂的氧化物及氢氧化物		碳酸锂	
	接近中心度	中介中心度	接近中心度	中介中心度
1998	印度	德国	德国	德国
	德国	中国	西班牙	中国
	西班牙	波兰	日本	日本
2003	西班牙	美国	西班牙	德国
	新西兰	中国	泰国	中国
	韩国	西班牙	意大利	西班牙
2008	荷兰	美国	德国	德国
	加拿大	中国	澳大利亚	澳大利亚
	南非	英国	丹麦	瑞士
2013	刚果共和国	中国	捷克	中国
	西班牙	英国	法国	西班牙
	比利时	比利时	西班牙	德国
2018	荷兰	中国	瑞士	中国
	印度	俄罗斯	荷兰	德国
	加拿大	韩国	中国	荷兰
2020	荷兰	荷兰	荷兰	荷兰
	印度尼西亚	美国	德国	德国
	韩国	中国	印度	中国

注：通过公式及计算得出排名。

资料来源：UN Comtrade.

　　在 2003 年，锂的氧化物及氢氧化物资源流动网络接近中心度的前三名分别为西班牙、新西兰、韩国，与 1998 年相比，变化较大。而从中介中心度可以发现，美国、中国和西班牙主要连通了国家间锂的氧化物及氢氧化物的贸易。西班牙、泰国、意大利则在碳酸锂的流动网络中保持较高独立性，流动网络主要以德国、中国、西班牙作为中介。可见此时西班牙在锂资源的国际贸易中扮演着重要角色。

在 2008 年，锂的氧化物及氢氧化物资源流动网络接近中心度的前三名分别为荷兰、加拿大、南非。而从中介中心度可以发现，美国、中国和英国主要连通了国家间锂的氧化物及氢氧化物的贸易。德国、澳大利亚、丹麦则在碳酸锂的流动网络接近中心度位列前三名。流动网络主要以德国、澳大利亚、瑞士作为中介。可见此时随着经济全球化的发展，贸易关系变得复杂多变，各国依据资源禀赋和生产技术逐步在全球流动网络中凸显。

在 2013 年，锂的氧化物及氢氧化物资源流动网络接近中心度第一名为刚果共和国，其次为西班牙和比利时。而比利时也与中国和英国一起成为中介中心度的前三名，可以发现，比利时此时在锂资源的国际贸易中控制力有所上升。中国、英国和比利时主要连通了国家间锂的氧化物及氢氧化物的贸易。捷克、法国、西班牙则在碳酸锂的流动网络中介中心度位列前三名。流动网络主要以中国、西班牙、德国作为中介。

在 2018 年，锂的氧化物及氢氧化物流动网络接近中心度的前三名分别为荷兰、印度和加拿大，可以看出荷兰在锂的氧化物及氢氧化物流动网络中的独立能力最强。而中国、俄罗斯、韩国作为中介中心度的前三名，成为流动网络的主要中介。中国、德国和荷兰则在碳酸锂的流动网络的中介中心度指标位列前三名，说明碳酸锂全球流动网络主要以中国、荷兰和德国作为中介。

在 2020 年，锂的氧化物及氢氧化物流动网络接近中心度的前三名分别为荷兰、印度尼西亚和韩国。而荷兰、美国、中国作为中介中心度的前三名，成为流动网络的主要中介。荷兰、德国和印度则在碳酸锂的流动网络接近中心度位列前三名，从碳酸锂流动网络的中介中心度可以看出，流动网络主要以荷兰、德国、中国作为中介。荷兰在锂资源流动网络节点的中心性始终位列第一名，可以看出荷兰在网络中拥有较强的独立能力，并且是锂资源贸易的重要媒介。

综合而言，在接近中心度和中介中心度结果中，新出现了荷兰、比利时这些资源禀赋好的国家。中国、德国等在流动网络中起到连接的作用，是重要的交叉点，对国际贸易起到承上启下的作用，保障国际贸易的稳定。

可以看到，贸易关系数量与网络影响能力有较为密切的联系。节点的贸易关系数量多，就会对网络产生多方面的影响。例如在加权流动网络中，作为进口方，贸易关系数量多、贸易额大，就会成为重要的交叉点，如果突然减少需求量，就会导致出口方没有出口目标，影响贸易系统的稳定运行；作为出口方，本身资源禀赋优越，同时国内需求有限又倾向于向其他国家出口，那就会是全球流动网络中的重要起始点，各个进口方的重要进口来源保障，倘若突然因为国内战略储备等原因停止与特定国家的贸易往来，会对网络造成毁灭性的影响，急剧降低网络中国家间连接的紧密程度和复杂程度。

同时，作为转运节点，如果一个国家到网络中所有其他国家都很容易，那么该国家可以被认为到所有其他国家的通达性良好，货物在国家间的流动高质高效。接近中心度高的国家在全球流动网络中承担着资源"连通器"的作用，获得的物流资源与政府支持也最多。对网络的连接起重要作用，尤其是重要的贸易通道或贸易口岸，此类节点接近中心度的数值比较大，对无法发生直接贸易关系的国家起到第三方的作用，使两者发生间接贸易关系的成本更低，符合贸易三方的利益。

3.2.3　锂资源流动网络演变分析

全球资源国际贸易是由很多国家（地区）组成的复杂网络，锂资源在国家（地区）之间持续循环流动。以国家（地区）作为节点，以国家（地区）之间的贸易关系为边，以流动方向为边的方向，构建锂资源国际贸易有向复杂网络，对锂资源国际贸易情况进行展现和分析，其中，锂资源流出对应的是出口，流入为进口。

1998 年、2003 年、2008 年、2013 年、2018 年以及 2020 年各国（地区）锂矿资源流动网络见图 3-4 至图 3-9。其中，图上的数字为联合国所公布的国家（地区）数字代码，本书附录 A 展示了数字代码相对应的国家（地区）名称。复杂网络图中的节点越靠近网络中心，表明该节点所拥有的节点度越大，即贸易关系总数量越多，在该网络中的重要性以及影响能力越强。

在 1998 年，锂的氧化物及氢氧化物全球流动网络中，共有 80 个国家（地区）参与其中，贸易关系为 303 对（见图 3-4）。碳酸锂的流动网络则包含 80 个国家（地区）及 298 对贸易关系。其中，德国所拥有的贸易关系最多，位居全球第一，美国紧随其后。此时的锂资源国际流动格局有鲜明的主导国，其在贸易中的影响力和控制力都十分突出。

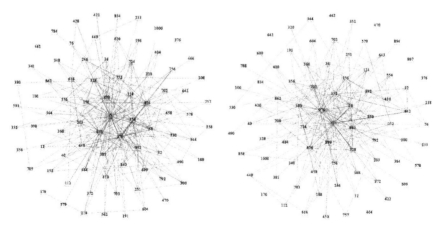

图 3-4　1998 年锂的氧化物及氢氧化物（左）和碳酸锂（右）资源全球流动网络

在 2003 年的锂资源全球流动网络中，共有 112 个国家（地区）参与锂的氧化物及氢氧化物的国际贸易，与 1998 年相比增加明显，贸易关系也大幅增加至 420 对（见图 3-5）。同时碳酸锂的贸易国家（地区）增加为 107 个，贸易关系增加 158 对，达到 456 对。美国在锂资源的全球流动网络中占主导地位，其次为德国，而中国在锂资源贸易中迅速发展，贸易关系位居当年第三位。我国的贸易地位增强可能与中国香港特别行政区特殊的贸易地位相关，中国香港特别行政区对我国经济影响深远，也是我国经济的一个转运站，我国国际贸易中的很多货物可能是经过其进入内地的，因此在复杂网络中具有特别重要的地位。

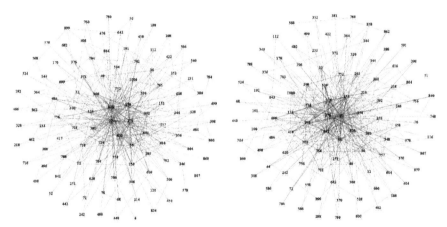

图 3-5　2003 年锂的氧化物及氢氧化物（左）和碳酸锂（右）资源全球流动网络

在 2008 年的锂资源全球流动网络中，共有 113 个国家（地区）参与锂的氧化物及氢氧化物的国际贸易，与 2003 年基本一致，贸易关系增加至 458 对（见图 3-6）。同时碳酸锂的贸易国家（地区）增加为 115 个，贸易关系有一定幅度增加，达到 508 对。美国仍在锂资源的全球流动网络中占主导地位，其次为德国，中国和英国在锂资源贸易中地位相似，紧随德国之后。智利、比利时等国家开始进入国际贸易舞台，积极参与锂资源的国际贸易。

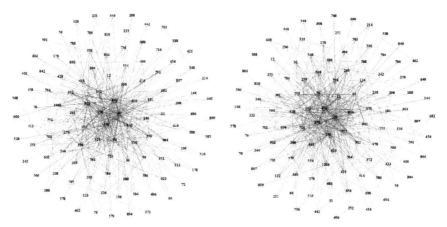

图 3 - 6 2008 年锂的氧化物及氢氧化物（左）和碳酸锂（右）资源全球流动网络

在 2013 年的锂资源全球流动网络中，共有 113 个国家（地区）参与锂的氧化物及氢氧化物的国际贸易，与 2008 年基本一致，贸易关系增加至 484 对（见图 3 - 7）。同时碳酸锂的贸易国家（地区）增加到 116 个，贸易关系有所增加，达到 521 对。中国、美国、德国、英国共同在锂资源的全球流动网络中占主导地位，其次为俄罗斯、加拿大。随着次贷危机及欧债危机的爆发，国际贸易关系呈现新的态势。美国的主导地位逐渐下降，而其他国家则更深入地加入锂资源的国际贸易中。

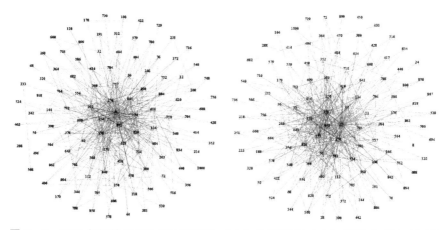

图 3 - 7 2013 年锂的氧化物及氢氧化物（左）和碳酸锂（右）资源全球流动网络

　　在 2018 年的锂资源全球流动网络中，共有 108 个国家（地区）参与锂的氧化物及氢氧化物的国际贸易，参与贸易的国家（地区）减少，贸易关系增加，达到 517 对（见图 3-8）。同时碳酸锂的贸易国家（地区）也减少为 113 个，贸易关系有一定幅度增加，达到 577 对。中国和美国共同在锂资源的全球流动网络中占主导地位，其次为德国、英国，俄罗斯和智利紧随其后。可以看到，我国在锂资源国际贸易中的活跃度不断增加。

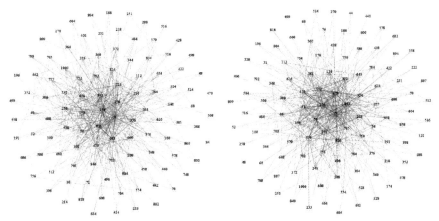

图 3-8　2018 年锂的氧化物及氢氧化物（左）和碳酸锂（右）资源全球流动网络

　　在 2020 年的锂资源全球流动网络中，共有 90 个国家（地区）参与锂的氧化物及氢氧化物的国际贸易，由于疫情的影响，参与贸易的国家（地区）减少，贸易关系减少到 452 对（见图 3-9）。同时碳酸锂的贸易国家（地区）也减少为 91 个，贸易关系下降到 455 对。中国和美国共同在锂资源的全球流动网络中占主导地位，其次为德国、英国、荷兰等国家。可以看到，锂资源国际贸易受疫情影响很大，参与贸易的国家（地区）和贸易数量大幅下降。

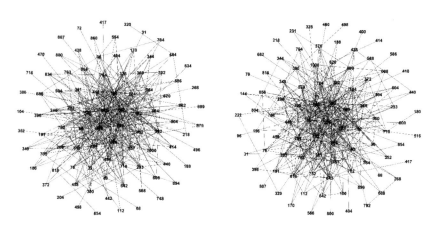

图 3 – 9　2020 年锂的氧化物及氢氧化物（左）和碳酸锂（右）资源全球流动网络

综上所述，美国、中国、德国都排在锂资源国际流动网络关系中比较靠前的位置，反映了这些国家在锂资源国际贸易中具有较强的活跃程度。值得注意的是，无论德国还是中国，其进出口额的量级存在很大差异。以德国为例，德国近年来从其主要进口方智利进口的锂资源为千万美元，但是出口到土耳其的为百万美元量级。德国比较大的进口方包括智利、美国和中国，可以看出，其主要是受生产格局影响，这几个国家在锂资源的生产中都占有优势。德国的主要出口方是土耳其、法国和英国，历史和地理位置因素占了很重要的位置。根据德国联邦统计局公布的数据，截至 2011 年底，德国境内生活的土耳其人总数以 173.9 万成为德国境内数量最大的外国人族群。造成此种情况的原因主要是第二次世界大战后，德国为了重建经济和社会，从土耳其等国大量招揽了外籍劳工以弥补劳动力资源不足，这也就是第一代土耳其移民的由来。

在锂资源全球流动网络中，排名前 10 位的国家占贸易国家（地区）总数的 9.1%，而排名前 10 位的国家拥有 25.83% 的进口贸易关系和 68.13% 的出口贸易关系。在贸易量方面，这 9.1% 的国家（地区）占据全球锂资源进口贸易的 86.07% 和出口贸易的 97.85%。其中，有 19 个国家（地区）的出口贸易关系大于进口贸易关系，大多数国家（地区）的进口贸易关系大于出口贸易关系。这与分析基本吻合，即锂资源国际贸易中，出口方拥有决定性的话语权，在这些国家（地区）中智利、阿根廷属于锂的资源禀赋大国，中国和美国既是资源禀赋国又是锂工业大国，德国、比利时等则是锂的工业大国或流通大国。

3.3　钽资源流动网络及演化分析

金属钽具有熔点高、蒸汽压低、冷加工性能好、化学稳定性高、抗液态金属腐蚀能力强、表面氧化膜介电常数大等一系列优良性能。它已广泛应用于电子、冶金、原子能、超导技术、汽车电子、航空航天、医疗卫生和科学研究等众多行业，在高新技术领域也有着重要的应用。此外，由于相应高科技领域的发展，对钽矿资源的需求将长期保持快速增长。

与其他大宗金属相比，地球上的钽矿资源比较稀少，各国的资源禀赋差异也十分明显。全球已经探明的钽矿资源主要分布在澳大利亚和巴西，这两个国家有足够的储量来满足预期的需求。仅澳大利亚就占全球钽矿资源储量的 62%，其次是巴西，占总储量的 36%。2020 年 3 月，澳大利亚地质调查局（Geoscience Australia，GA）在加拿大多伦多勘探开发者（PDAC）年会上发布的数据显示，该国关键矿产资源量大幅增长，其中钽矿资源量于 2018 年增长了 79%。其余钽矿资源大部分分布在美国、加拿大以及非洲等多个国家，但具体数量至今不详。我国的钽矿床规模小，矿石品位低，嵌体细小分散，与多种金属伴生，开采难度大，分选分离难度大，回收率低，大型露天矿山少。根据钽铌储量数据显示，我国钽（Ta_2O_5）储量和基础储量数量仍然较大，但我国钽矿资源中几乎没有超过 0.02% 的 Ta_2O_5 储量。显然，用这样一个低品位集计算的"储量"很难与国外用高品位集计算的"储量"相比。因此，我国目前钽矿资源70%以上依赖进口，对外依存度高。

同时，基于全产业链视角，对钽资源的网络分析下沉至产业链各个环节。全产业链是指一种产品从最初的开采物资，经过加工、制造、包装、运输和销售，直至进入市场并投入使用、维修，最终或回归自然进行再循环或作为废物丢弃的整个过程。

因此，本书以钽矿资源为研究对象，基于钽矿资源国际贸易发展变化的背景，建立复杂网络模型，描述钽矿资源国际贸易演变趋势，评估1996~2018年我国及相关出口方的钽矿资源供应安全问题，掌握贸易发展形式和供应安全的发展态势。

3.3.1　钽资源流动网络整体格局分析

3.3.1.1　钽资源贸易关系

全产业链视角下的钽国际贸易关系如表3－5，样本期内钽资源的国际贸易国家数量和国际贸易关系均呈现稳步上升的趋势。首先对于上游钽资源而言，参与贸易的国家数量基本处于小幅波动总体增加的态势，从早期的54个国家稳步增长到80个国家左右；贸易关系数量的增加态势更加明显，从1998年的119对，增长到2018年的200对左右。因此，钽矿资源国际贸易关系处于日趋复杂的情况。

表3－5　　　　　　　　　钽资源国际贸易关系

年份	上游		中游		下游	
	国家数量	贸易关系数量	国家数量	贸易关系数量	国家数量	贸易关系数量
1998	54	119	65	221	92	763

年份	上游		中游		下游	
	国家数量	贸易关系数量	国家数量	贸易关系数量	国家数量	贸易关系数量
2003	68	165	80	317	136	1470
2008	77	190	83	356	145	1655
2013	82	198	78	394	153	1773
2018	85	202	85	405	137	1672
2020	81	181	74	434	126	1751

资料来源：UN Comtrade.

中游钽资源贸易关系的数量自 1998 年的 221 对显著攀升至 2020 年的 434 对，实现了近 50% 的显著增长，增长速度远超过上游钽资源贸易关系的增长速度，可见随着经济的发展，各国对于钽资源的需求从原材料阶段逐渐转移至对中间产品和最终产品的需求阶段。

此特征在下游钽资源的贸易关系中仍然显现，但是与中游钽资源相比，下游钽资源国际贸易中参与国家的数量和数量增长速度均高于中游，从早期的 92 个国家稳步增长到 126 个国家；贸易关系的数量增加态势强烈，呈现翻倍的状态，从 1998 年的 763 对，增长到 2020 年的 1751 对。

另外，对比钽资源各产业链阶段的国家数量和国家贸易关系数量发现，整体上呈现下游 > 中游 > 上游的特点，也就是说国际贸易中对钽资源的需求更侧重于产业链中下游产品，且需求的差距较大。因此，作为钽资源全球流动网络的参与者，拥有钽资源禀赋的国家要注重提升钽资源冶炼及加工技术，这样更有助于发挥资源禀赋优势，保持贸易独立性，获取贸易主导地位，增强对国际钽资源贸易的影响力和控制力。

3.3.1.2　钽资源贸易重要性

图 3 - 10 是 1996 ~ 2018 年上游钽资源全球流动网络的平均度和平均

加权度，平均度从 1996 年的 15 左右增长到 2018 年的 30 多，中间大致经历了较快的增长，在 2012 年达到峰值，平均度接近 50，然后开始降低，整体波动情况不大。平均度越高，说明流动网络中国家的平均重要性越高。这从整体上说明了参与钽资源贸易的各个国家的平均重要性有一定的提升。另外，平均加权度整体上呈现波动上升态势，加权平均度的波动较大，2010 年后的波动幅度明显增强，在 2013 年后上升速度明显加快，2014 年达到样本期的峰值，说明上游全球钽资源贸易国的平均贸易量波动起伏比较大。2015 年出现阶段性最低值，这可能是由于欧债危机等国际金融事件的后续不良影响，上游钽资源禀赋的国家贸易受到冲击，导致国际平均贸易量处于低谷。

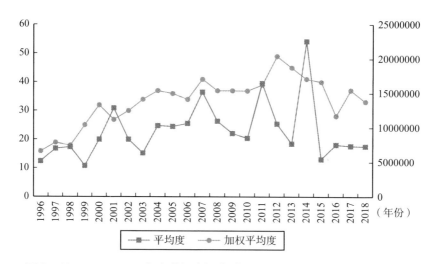

图 3 – 10　1996～2018 年上游钽资源全球流动网络的平均度和平均加权度

注：通过公式及计算得出。

资料来源：UN Comtrade.

图 3 – 11 是 1996～2018 年中游钽资源全球流动网络的平均度和平均加权度，平均度从 1996 年的 10 左右增长到 2018 年的 60 多，中游钽资

源的平均度上升趋势显著，上升速度十分迅速，其中在 1999 年和 2011
年增速显著，出现了阶段性的最高值。这说明在国际中游钽资源的流动
网络中国家的平均重要性迅速提升。另外，加权平均度整体上升趋势并
不明显，基本上在 0～500000 波动，但在 1999 年出现了峰值。21 世纪
前后，电子业迅速发展，造成下游钽电容器等终端产品需求扩大，钽的
价格被迅速拉高，从而也使得对中游钽资源的需求迅速增强，使得全球
中游钽资源平均贸易量急剧上升。

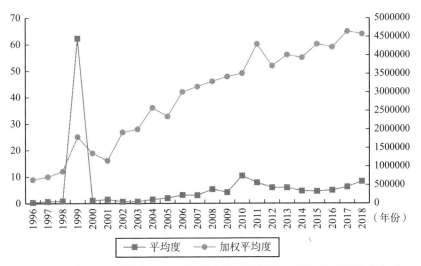

图 3 - 11　1996～2018 年中游钽资源全球流动网络的平均度和平均加权度

注：通过公式及计算得出。

资料来源：UN Comtrade.

图 3 - 12 是 1996～2018 年下游钽资源全球流动网络的平均度和平均
加权度，平均度从 1996 年的 20 多增长到 2018 年的 140 左右，下游钽资
源的平均度上升趋势显著，上升速度十分迅速，与上游和中游钽资源的
平均度相比而言，下游钽资源平均度整体上在增加幅度和增加速度上都
远超上游和中游钽资源的平均度。这再次说明下游钽资源的国际贸易更

加频繁，且数量更多，即钽资源的国际贸易流动和需求主要由下游钽资源占据。同时平均度的迅速上升也表明国际下游钽资源流动网络中国家的平均重要性大幅提高。另外，加权平均度整体上呈现上升趋势并不明显的特征，基本上在 0 ~ 500000 波动，但在 2004 年出现了峰值。

随着 IT 产业的兴盛，手机、游戏机、个人计算机等空前普及，钽资源需求急剧增加，用量供不应求，从 2000 年底到 2001 年上半年，价格急剧上涨。2000 年全球钽资源（以 Ta2O5 计）总储量为 60000 吨，2001 年为 140000 吨。按用途分，电子工业占 61%，制造业占 15%，金属加工占 8%。钽需求的 18% 的增长率来自下游钽电容器的使用。因此，在进入 21 世纪后的几年，钽资源，尤其是下游钽资源的需求飙升，不断出现平均贸易量的峰值。

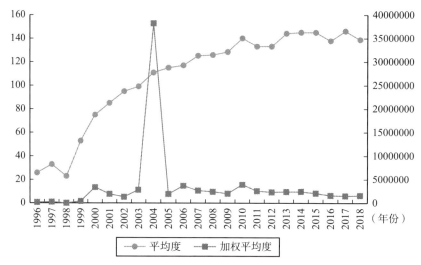

图 3 – 12　1996 ~ 2018 年下游钽资源全球流动网络的平均度和平均加权度

注：通过公式及计算得出。

资料来源：UN Comtrade.

3.3.1.3　钽资源贸易规模

通过计算得到网络密度图，图 3 – 13 展示了 1996～2018 年全产业链下钽矿资源全球流动网络紧密程度的变化情况。上游钽资源的网络密度从 1996 年的 0.04 左右下降至 2018 年的 0.03 上下，整体处于下降趋势，中间存在较大波动，比如 2002 年有明显的增强势头，而 2010 年则出现了较明显的降低趋势，网络密度整体上在 2010 年处于平稳低水平；中游钽资源的网络密度波动较大，网络密度从 1996 年的 0.06 上下降至 2018 年的 0.05 上下，下降幅度较小，但经历了十分显著的波动趋势，其中在 2004 年达到了网络密度的峰值；下游钽资源的网络密度同样具有巨大的波动性，网络密度从 1996 年至 2018 年始终在 0.06～0.08 上下大范围波动。

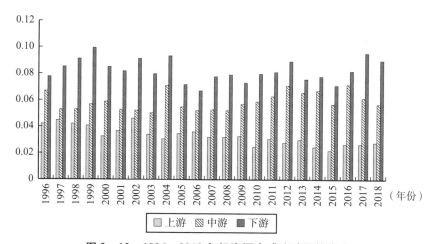

图 3 – 13　1996～2018 年钽资源全球流动网络密度

注：通过公式及计算得出。

资料来源：UN Comtrade.

对比不同产业链阶段钽资源的网络密度发现，越靠近下游的钽资源全球流动网络密度越大，即下游钽资源的国际贸易更加频繁，参与国家和贸易联系也更加多样。中游钽资源和下游钽资源的全球流动网络密度的波动具有一定的关联性，其网络密度值的波动方向十分类似，峰值出现时间也密切相关。这种关联性来自中游和下游钽资源产品的特征。

3.3.2　钽资源流动网络个体特征分析

3.3.2.1　钽资源贸易地位

表3-6描述了钽资源在样本期国际贸易地位的变化情况，选取贸易入度、出度前三的国家展示。在1998年上游钽资源国际贸易地位中，美国、德国和日本分别占据入度前三位，美国、中国和捷克占据出度前三位，可见在1998年，美国在上游钽资源的国际贸易中位于主导地位。特别的，美国在样本期内维持入度第一名直至2018年，中国在2020年超越美国位列入度第一位，可以看出美国对于上游钽资源的需求处于流动网络的重要地位，而中国的重要地位在日益上升。我国在2003年后上游钽资源的出口超越美国，并保持上游钽资源出口主导地位至2018年，美国在2020年重新位列上游成为钽资源出口第一位。由此可见，上游钽资源的全球流动网络主要由美国和中国主导，其次是德国和墨西哥、南非等具有资源禀赋优势的国家。

表3-6　　　　钽资源国际贸易地位——入度和出度

年份	上游		中游		下游	
	入度	出度	入度	出度	入度	出度
1998	美国	美国	美国	美国	美国	德国
	德国	中国	德国	英国	德国	英国
	日本	捷克	澳大利亚	法国	日本	法国

续表

年份	上游		中游		下游	
	入度	出度	入度	出度	入度	出度
2003	美国	中国	美国	英国	美国	加拿大
	德国	泰国	德国	美国	日本	美国
	南非	南非	澳大利亚	德国	英国	中国
2008	美国	中国	德国	德国	美国	墨西哥
	德国	印度尼西亚	美国	中国	中国	中国
	中国	南非	英国	美国	英国	巴西
2013	美国	中国	美国	美国	中国	中国
	中国	美国	中国	德国	美国	墨西哥
	德国	墨西哥	德国	中国	墨西哥	德国
2018	美国	中国	中国	美国	中国	法国
	西班牙	美国	美国	中国	美国	中国
	德国	印度	德国	德国	墨西哥	德国
2020	中国	美国	荷兰	德国	中国	中国
	马来西亚	中国	美国	中国	德国	美国
	荷兰	德国	中国	美国	荷兰	墨西哥

注：通过公式及计算得出排名。

资料来源：UN Comtrade.

中游钽资源的国家流动网络主导地位与上游不同，在 1998 年和 2003 年，中游钽资源的主要进口方是美国、德国和澳大利亚；在 2013 年后，中国取代澳大利亚成为钽资源三大进口方之一；直至 2018 年，中游钽资源的流动网络始终由德国、美国和中国三大国家主导。2020 年荷兰跃升为钽资源第一进口方。1998 年和 2003 年，中游钽资源的出口方主要包括英国和美国，但在 2008 年后，英国的前三中游钽资源贸易地位被中国取代，2013 年后，中游钽资源的全球流动网络显示出口方主要是

中国、美国和德国。可见 21 世纪以来，中国是中游钽资源的进口和出口
大国，在中游钽资源贸易中占有重要的主导地位。

下游钽资源的国家流动网络主导地位与上中游不同，1998 年下游钽
资源的主要进口方是美国、德国和日本，在 2013 年后，中国取代美国位
列钽资源进口方第一位。2013 ~ 2018 年下游钽资源的全球流动网络主要
由中国、美国和墨西哥主导。2020 年，中国、德国和荷兰成为新的钽资
源三大进口方。1998 年，下游钽资源的出口方主要包括德国、英国和法
国，中国、墨西哥等国的重要地位也在日益上升。中国、美国和墨西哥
成为 2020 年新的钽资源三大出口方。可见 21 世纪以来，中国、墨西哥
是下游钽资源的进口和出口大国，在下游钽资源贸易中占有重要的主导
地位。

3.3.2.2　钽资源贸易影响力

表 3 - 7 是全产业链下钽资源在全球流动网络中的入度中心度和出度
中心度排名前三的国家，入度中心度和出度中心度可以反映一个国家在
全球流动网络中的影响力。

表 3 - 7　钽资源流动网络节点的中心性——入度中心度和出度中心度

年份	上游		中游		下游	
	入度中心度	出度中心度	入度中心度	出度中心度	入度中心度	出度中心度
1998	韩国	中国	捷克	英国	美国	墨西哥
	泰国	捷克	德国	美国	德国	英国
	中国	泰国	美国	日本	日本	德国
2003	澳大利亚	泰国	美国	墨西哥	新加坡	马来西亚
	南非	中国	中国	印度	捷克	墨西哥
	尼日利亚	比利时	尼日利亚	日本	泰国	美国

续表

年份	上游		中游		下游	
	入度中心度	出度中心度	入度中心度	出度中心度	入度中心度	出度中心度
2008	澳大利亚	泰国	美国	新加坡	德国	匈牙利
	卢旺达	中国	中国	马来西亚	中国	捷克
	巴西	德国	肯尼亚	美国	英国	中国
2013	乌克兰	英国	美国	中国	捷克	英国
	澳大利亚	泰国	以色列	韩国	中国	中国
	塞拉利昂	中国	中国	英国	日本	德国
2018	澳大利亚	泰国	以色列	中国	德国	马来西亚
	科威特	中国	中国	韩国	捷克	中国
	尼日利亚	拉蒂瓦	美国	美国	日本	匈牙利
2020	中国	中国	荷兰	德国	中国	中国
	马来西亚	荷兰	德国	中国	德国	德国
	荷兰	英国	中国	英国	荷兰	荷兰

注：通过公式及计算得出排名。
资料来源：UN Comtrade.

　　就上游钽资源的入度中心度而言，澳大利亚在国际上游钽资源的贸易中拥有最强的影响力。由表 3 - 7 看到，澳大利亚从 2003 年进入入度中心度的前三名国家后，始终保持其在贸易中的影响力，直至 2018 年仍居首位。2020 年，中国、马来西亚和荷兰成为入度中心度的新的前三名国家。从出度中心度来说，中国和泰国成为上游钽资源国际贸易中具有最强影响力的国家，此外，捷克、比利时、德国、英国、荷兰和拉蒂瓦等国家也具有一定的影响力。

　　中国和美国基本上排在中游钽资源国际贸易的入度中心度的前三名，在 2013 年后，以色列在中游钽资源的国际贸易的影响力凸显。此外，如尼日利亚和肯尼亚在电子业发展的前期，凭借资源禀赋优势对国际中游钽资源的贸易产生了显著的影响。对于中游钽资源的出口来说，样本前期由美国、日本等国家主导，后期中国、韩国、德国超越日本成为出度中心度的前几位国家，可以看出流动格局伴随经济的发展出现了重要转变，也反映出各国经济贸易在全球的影响力在不断变动。

对于下游钽资源的入度中心度而言，除中国、美国等贸易大国外，还出现了捷克、新加坡、泰国等国家。其中，捷克在 2013 年和 2018 年都位于出度中心度的前三名，即近年来捷克对于下游钽资源的国际贸易具有极高的影响力。而对于出度中心度来说，下游钽资源的国际贸易主要受到墨西哥、英国、德国及中国的影响，匈牙利也展示出不一般的国际下游钽资源贸易影响力。

3.3.2.3　钽资源贸易控制力

表 3 - 8 是钽资源在全球流动网络中的接近中心度和中介中心度排名前三的国家。首先分析表中 1998 年上游钽资源的贸易控制力情况。在 1998 年的全球流动网络接近中心度中，美国、卢旺达、印度分别是上游资源流动网络接近中心度的前三名，可以看出美国、卢旺达、印度在网络中的独立能力最强。从中介中心度可以发现，英国、日本和中国在流动网络中是最重要的媒介，有很强的控制力。而在中游钽资源的流动网络中接近中心度的前三名是美国、英国和法国。美国、英国、德国则是中游钽资源流动网络的重要媒介。在中游钽资源的贸易中，美国和英国有最强的控制力。对于下游钽资源贸易，德国、英国和法国的独立性最强，而同时它们也作为下游钽资源贸易的重要媒介，在下游钽资源的贸易中，占有极高的控制地位。

表 3 - 8　　　　　　　钽资源流动网络接近中心度和中介中心度

年份	上游		中游		下游	
	接近中心度	中介中心度	接近中心度	中介中心度	接近中心度	中介中心度
1998	美国	英国	美国	美国	德国	德国
	卢旺达	日本	英国	英国	英国	英国
	印度	中国	法国	德国	法国	法国
2003	中国	中国	英国	美国	美国	美国
	美国	美国	德国	德国	加拿大	中国
	新加坡	德国	美国	英国	中国	加拿大
2008	埃塞俄比亚	中国	德国	德国	墨西哥	墨西哥
	卢旺达	美国	中国	美国	中国	中国
	巴基斯坦	德国	美国	中国	巴西	美国
2013	哈萨克斯坦	中国	美国	美国	中国	中国
	安哥拉	美国	德国	德国	墨西哥	墨西哥
	中国	南非	中国	中国	德国	美国
2018	中国	美国	美国	美国	法国	中国
	美国	中国	中国	中国	中国	法国
	印度	印度	韩国	德国	德国	美国
2020	中国	中国	荷兰	荷兰	中国	中国
	澳大利亚	荷兰	德国	德国	日本	德国
	巴西	英国	瑞士	中国	德国	法国

注：通过公式及计算得出排名。
资料来源：UN Comtrade.

　　在 2003 年的上游钽资源国家贸易中，中国和新加坡取代卢旺达和印度成为接近中心度前三的国家，同时中国超越美国成为接近中心度最高的国家。而从中介中心度看，中国仍居首位，其次是美国和德国。在中游钽资源网络中，英国、德国和美国分别为接近中心度前三名国家，而同样是这三个国家承担着中游钽资源贸易的"桥梁"作用。在下游的钽资源贸易中,接近中心度和中介中心度的前三名都是美国、中国和加拿大。

在2008年的上游钽资源贸易中,埃塞俄比亚、卢旺达和巴基斯坦成为流动网络中独立性最高的国家,而中介中心度的前三位为中国、美国和德国。而中游的钽资源贸易中,接近中心度前三名是德国、中国和美国,中国超越美国成为中游钽资源贸易的强有力控制权国家。而中介中心度前三名的国家与接近中心度相同,这三个国家对中游钽资源的贸易有着极高的控制力。下游钽资源的接近中心度和中介中心度前两位被墨西哥和中国占据。综合来看,我们发现在2008年的中游和下游钽资源贸易中,拥有较强控制力的国家也满足高独立性的特点,同时又能作为钽资源贸易的重要中介。

2013年,上游钽资源的接近中心度前三名是哈萨克斯坦、安哥拉和中国,而中介中心度由中国、美国、南非占据前三。中国在这一时间段对于上游钽资源具有极强的控制力。与2008年一致,2013年的中游钽资源的接近中心度和中介中心度前三名国家未发生改变,只是顺序有所变化。此种情况也出现于下游钽资源的中介中心度中。

2018年,中国、美国、印度成为流动网络中独立性最高的国家,中介中心度的前第三位同样由中国、美国、印度占据。而中游的钽资源贸易中,接近中心度前三名是美国、中国和韩国,中介中心度前三名是美国、中国和德国。下游钽资源的接近中心度和中介中心度前两位被法国和中国占据。可以看出,2018年大国在流动网络中的控制力进一步增强,这种控制力不仅出现在钽资源国际贸易的中下游,也出现在产业链的上游。

2020年,中国、澳大利亚和巴西成为流动网络中独立性最高的国家,而中介中心度的前三位由中国、荷兰和英国占据。中游的钽资源贸易中,接近中心度前三名是荷兰、德国和瑞士,而中介中心度前三名是荷兰、德国和中国,可以看出荷兰和德国在钽资源中游贸易网络中有较强的控制力。下游钽资源的接近中心度和中介中心度前三位均有中国和德国。可以看出,中国在钽资源上游和下游贸易网络中的控制力极强。

综合来看，发现中游和下游钽资源贸易中，接近中心度和中介中心度前三名国家的重合度较高，也就是说中下游钽资源的贸易更易受到某几个大国的较强控制，且这种控制力随着经济的发展，正蔓延至钽资源的全产业链各阶段。此外，中国对钽资源的贸易显现出极高的控制力，并且控制力逐渐加强，其次如美国、法国和德国等国家，也在钽资源的国家贸易关系中占据较强的控制地位。

3.3.3　钽资源流动网络演变分析

由于所选年份较长，本书选取其中 6 个年份的钽资源全球流动网络中参与国贸易关系数量详细分析，所选年份分别是 1998 年、2003 年、2008 年、2013 年、2018 年和 2020 年。1998 年、2003 年、2008 年、2013 年、2018 年以及 2020 年各国（地区）钽矿资源流动网络可见图 3 - 14 至图 3 - 31。其中，图上的数字为联合国所公布的国家（地区）数字代码，附录 A 展示了数字代码相对应的国家（地区）名称。复杂网络图中的节点越靠近网络中心，表明该节点所拥有的节点度越大，即贸易关系总数量越多，在该网络中的重要性以及影响能力越强。

在 1998 年上游钽矿资源全球流动网络中，共有 54 个国家（地区）参与其中，拥有的贸易关系数量为 119 对（见图 3 - 14）。其中，美国所拥有的贸易关系最多，位居全球第一，中国和日本紧随其后。此时的上游钽资源国际流动格局有鲜明的主导国，其在贸易中的影响力和控制力都十分突出。中游的全球钽资源流动网络有 65 个国家（地区）参与，221 对贸易关系存在（见图 3 - 15）。此时流动格局仍由美国主导，但德国和英国的主导能力有所增强，同时瑞士也更多地参与到中游钽资源贸易中。下游钽资源贸易有 92 个国家参与，贸易关系有 763 对（见图 3 - 16）。下游钽资源的流动网络密度显著增加，且占有主导地位的国家（地区）更多，如德国、美国、法国、日本等国家的主导力都在流动网络中凸显。

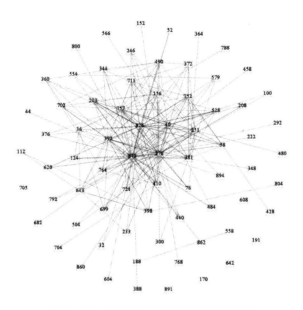

图 3 – 14　1998 年上游钽资源流动网络

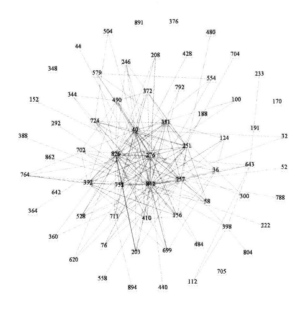

图 3 – 15　1998 年中游钽资源流动网络

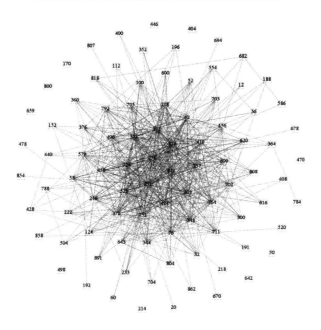

图 3 - 16　1998 年下游钽资源流动网络

　　在 2003 年的上游钽资源全球流动网络中，共有 68 个国家（地区）参与，与 1998 年相比有所增加，贸易关系也大幅增加至 165 对（见图 3 - 17）。此时流动网络由中国和美国共同主导。同时中游钽资源的贸易国家（地区）增加为 80 个，贸易关系增加 95 对，达到 317 对（见图 3 - 18）。美国和德国在中游钽资源的全球流动网络中占主导地位，其次为中国、日本、瑞士等国家。而下游钽资源的国际贸易有 136 个国家（地区）参与，形成 1470 对贸易关系，贸易关系数量在 5 年之内增加近 1 倍（见图 3 - 19）。此时的流动网络形成了由多国（地区）主导的格局，但美国的贸易地位仍是第一，如中国、德国、日本的贸易关系与美国相差较小，也就是说下游钽资源的贸易更趋多元化，而非某个国家（地区）占有绝对的主导权。

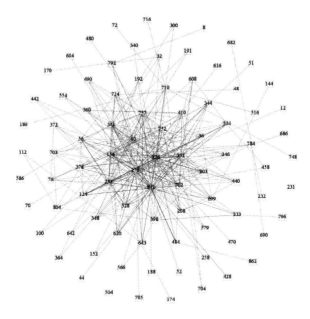

图 3-17 2003 年上游钽资源流动网络

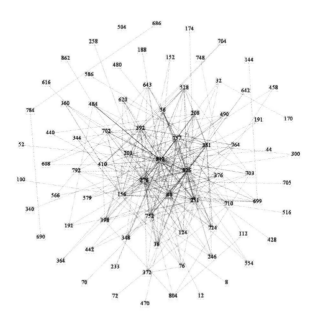

图 3-18 2003 年中游钽资源流动网络

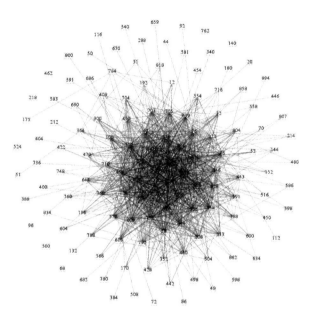

图 3 - 19　2003 年下游钽资源流动网络

　　在 2008 年的上游钽资源全球流动网络中，共 77 个国家（地区）参与，与 2003 年差距较小，贸易关系增加至 190 对（见图 3 - 20）。此时流动网络由中国主导。而中游钽资源有 83 个国家（地区）参与贸易，贸易关系为 356 对（见图 3 - 21）。此时流动网络由中国、美国、德国共同主导，且三个国家形成的贸易主导力较强。下游钽资源全球流动网络有 145 个国家（地区）参与，形成贸易关系 1655 对，贸易关系增加幅度较小（见图 3 - 22）。此时流动网络由墨西哥、中国主导。

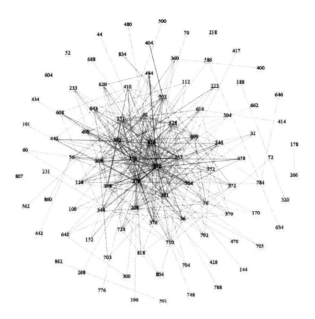

图 3 - 20　2008 年上游钽资源流动网络

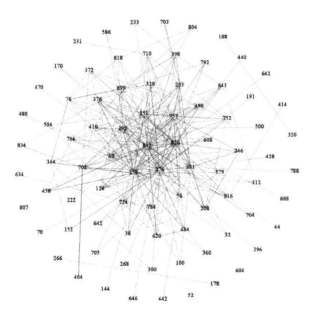

图 3 - 21　2008 年中游钽资源流动网络

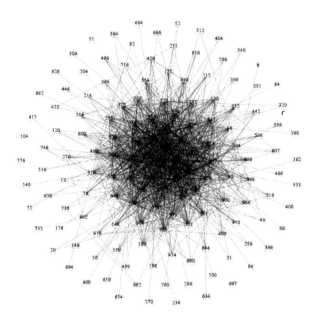

图 3 – 22　2008 年下游钽资源流动网络

在 2013 年的上游钽资源全球流动网络中，共有 82 个国家（地区）参与，贸易关系增加至 198 对（见图 3 – 23）。此时中国占有较强的流动网络主导地位。中游钽资源有 78 个国家（地区）参与，参与数量减少 5 个，但贸易关系数量仍在增长（见图 3 – 24）。流动网络由美国、德国和中国三个大国主导。下游钽资源贸易参与国家（地区）数量和贸易关系数量均保持了小幅度的增加（见图 3 – 25）。中国在流动网络中的主导地位显著，紧随其后的是美国、德国、日本。

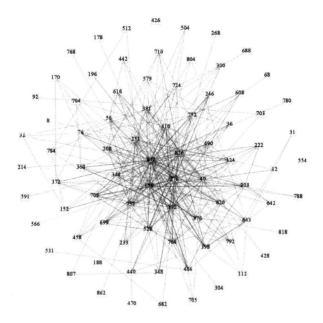

图 3 - 23　2013 年上游钽资源流动网络

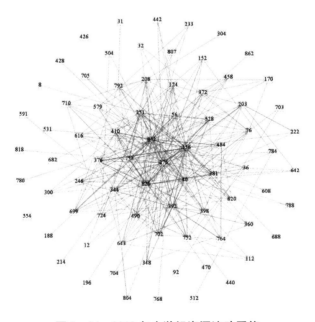

图 3 - 24　2013 年中游钽资源流动网络

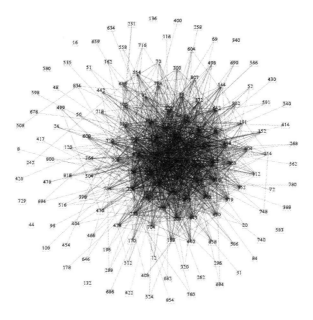

图 3 - 25　2013 年下游钽资源流动网络

在 2018 年的上游钽资源全球流动网络中，共有 85 个国家（地区）参与，贸易关系增加至 202 对（见图 3 - 26）。上游钽资源的流动网络格局变动很小，尤其在进入 21 世纪后，参与国家（地区）和贸易关系基本上保持稳定状态。2018 年的上游全球钽资源流动网络仍是由美国和中国主导，且与其他国家（地区）有较大差距。中游钽资源全球流动网络有 85 个国家（地区）参与，参与数量增加了 7 个，贸易关系数量也增长至 405 对（见图 3 - 27）。流动网络由美国、德国和中国三个大国主导。下游钽资源贸易参与国家（地区）数量和贸易关系数量出现了小幅度的减少，分别为 137 个和 1672 对（见图 3 - 28）。中国在流动网络中的主导地位显著，紧随其后的是美国、德国、日本和墨西哥。

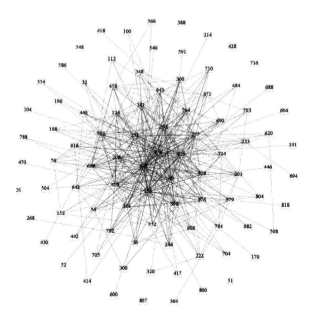

图 3 - 26　2018 年上游钽资源流动网络

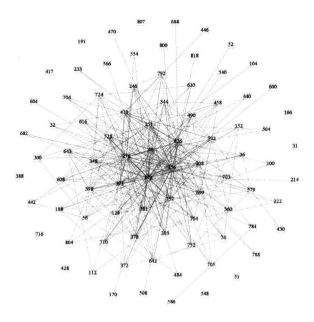

图 3 - 27　2018 年中游钽资源流动网络

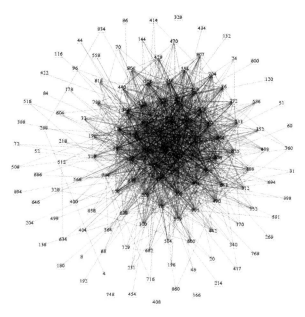

图 3-28　2018 年下游钽资源流动网络

在 2020 年的上游钽资源全球流动网络中，共有 81 个国家（地区）参与，由于受到疫情的影响，贸易关系下降至 181 对（见图 3-29）。上游钽资源的流动网络格局变动不大，尤其在进入 21 世纪后，参与国家（地区）和贸易关系基本上保持稳定状态。2020 年的上游钽资源全球流动网络仍是由美国和中国主导，且与其他国家（地区）差距有加大趋势。中游钽资源贸易参与国家（地区）数量下降了 11 个，只有 74 个，而贸易关系数量出现了小幅度的增加，增长至 434 对（见图 3-30）。流动网络由美国、德国和中国三个大国主导。与中游类似，下游钽资源贸易参与国家（地区）数量出现了小幅度的减少，下降至 126 个，贸易关系数量增加至 1751 对（见图 3-31），中国在流动网络中的主导地位显著，紧随其后的是美国、以色列、英国和墨西哥。

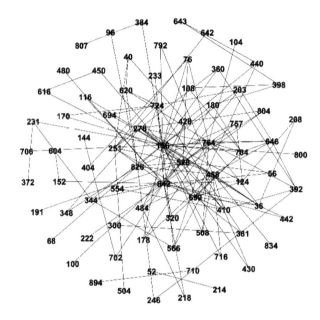

图 3 - 29　2020 年上游钽资源流动网络

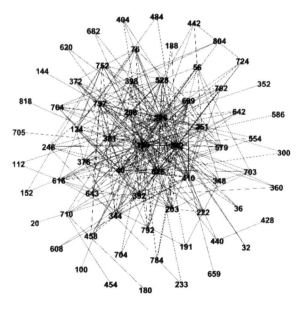

图 3 - 30　2020 年中游钽资源流动网络

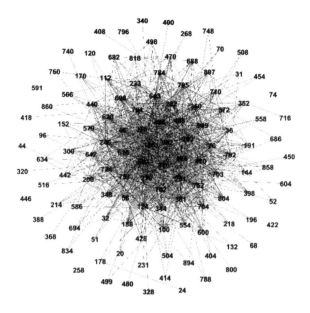

图 3 – 31　2020 年下游钽资源流动网络

第4章

全球稀有金属资源流动格局
影响因素分析

    本研究选择锂和钽为研究对象，基于数据可得性并排除金融危机的干扰，分析了金融危机后（2009～2018年）这两种稀有金属产业链各环节产品全球流动现状变动状况的驱动因素。针对锂资源，分析了两种主要锂资源产品（锂的氧化物及氢氧化物和碳酸锂）流动格局的驱动因素。针对钽资源，基于产业链视角分析了四种钽产业链不同环节的主要产品（钽铌矿石、钽粗胚、钽废料和含钽电容器）流动格局的驱动因素。通过构建引力模型，采用双重固定效应分析方法，讨论了经济发展水平、总人口规模、地理距离、城市人口规模和工业产值等因素对相关产品流动格局（包括入度、加权度、接近中心度、中介中心度以及聚类系数）的影响情况。基于新技术革命背景中研发相关投入的提高，进而考虑了研发资本和人力投入对该类产品流动格局的影响情况。

4.1　引力模型在资源流动领域中的应用

4.1.1　引力模型概述

20 世纪 60 年代，廷贝亨（Tinbergen）和珀于赫宁（Poyhonen）各自独立地提出了引力模型，指出两国间的贸易与两国各自的经济规模成正比，与两国之间的距离成反比。珀于赫宁基于截面数据完成了引力模型的构建和测算，而廷贝亨采用了时间序列数据，考虑了贸易流量的时变性特征。1966 年，林内曼（Linnemann）系统整理了前述两者对引力模型的研究，并将引力模型应用于国家间贸易流量计量经济分析，且将国家间人口因素纳入引力模型的分析，构成了经典的引力模型。该引力模型纳入贸易双边的经济发展水平、人口规模以及地理距离等因素。经典的引力模型如下：

$$Y_{it} = \alpha_1 + \alpha_2 \ln(G_i G_j) + \alpha_3 \ln(P_i P_j) + \alpha_3 dist_{ij} + \varepsilon \qquad (4-1)$$

20 世纪 60 年代引力模型被引入衡量双边贸易流量的研究后得到不断扩展和完善，越来越多的文献用引力模型对国际贸易进行实证研究，但在经济发展水平和人口因素对双边贸易的作用方向和影响强度方面并没有达成共识，其主要症结在于对人均发展水平估计的不确定性。而随着生产函数形式的不断完善，传统上包含经济发展水平、人口规模以及地理距离的引力模型也随着生产函数形式不断进行了完善，并不再局限于上述要素。由于相同贸易品在不同国家所受到的价格干扰因素并不能被很好地识别，贝格施特兰德（Bergstrand）基于均衡理论和效用最大化理论，于 1989 年引入人均收入以替代人口规模，并将消费者进口价格以及生产者生产出来的产品出口数量内生化代入传统的引力模型，增强了引力模型的理论基础和应用范围。此外，其他关于国家间要素禀赋的相关经济变量也被纳入引力模型的范畴，例如关税、城市人口规模、工业规模、价格指数和汇率等，但上述因素均不存在直接的理论支撑，并不能很好地被新古典经济学理论所解释。国际上关于引力模型的具体形式仍未达成共识，基本上是以林内曼 1966 年的工作为延伸，即主要考虑贸易双边的经济发展水平（GDP）、人口规模（POP）以及地理距离（Dist），并在此基础上增加经济、要素禀赋相关指标或拓展相关理论形式。

近年来，我国学者在外国学者的理论基础上，基于我国发展的现实条件，对我国相关双边贸易水平进行了讨论和探索。除了引力模型中的传统因素外，在梅乌森和布勒克（Meeusen and Broeck，1977）对生产函数进行随机前沿分析的基础上，我国大量学者构建了随机前沿引力模型，用以分析除了传统的经济发展水平、人口规模和地理因素以外，贸易主导国主体特殊性等因素对双边贸易额的影响。首先，基于随机前沿分析方法，其模型构建如下：

$$Y_{it} = f(x_{it};\ \alpha_i)\exp(v_{it} - u_{it}) \tag{4-2}$$

$$u_{it} = \beta_i Z_{it} + w_{it} \tag{4-3}$$

式（4-2）中，Y_{it} 代表了目标产出，x_{it} 代表了直接影响目标产出的各变量，v_{it} 代表了模型解释过程中不可控制的噪声量，u_{it} 代表了前沿非效率项。将式（4-2）中的 u_{it} 分解，则可以得到式（4-3）。式（4-3）中的 Z_{it} 代表了各个非效率项。Z_{it} 表示了使目标 Y_{it} 达不到实际预期最优值时，各影响因素的集合。进而，引力模型和随机前沿模型结合，可以得出随机前沿引力模型，即将式（4-2）进行对数化，再将 $f(x_{it};\ \alpha_i)$ 替换为式（4-1）中的部分内容，进而可以得到以下的随机前沿引力模型：

$$Y_{it} = \alpha_1 + \alpha_2\ln(G_iG_j) + \alpha_3\ln(P_iP_j) + \alpha_3 dist_{ij} + \beta_i Z_{it} + w_{it} + \varepsilon \tag{4-4}$$

基于随机前沿分析方法构建的随机前沿引力模型，其分析范式更有利于分析贸易峰值的影响因素，与传统经济学模型更加贴合，在分析我国各地区与其周边国家贸易关系、我国与其他国家双边贸易结构、我国与周边国家贸易潜力等领域发挥了重要作用。此外，我国学者也不断克服传统地理距离以国家首都直线距离测量的测度方式，采用经济成本距离等测算方法，不断丰富和发展了引力模型在我国贸易领域相关因素分析的应用方向和理论手段。

4.1.2　模型构建及变量选择

参照林内曼（1966）的模型选择，综合考虑其他可能存在影响的双边贸易因素，所构建的引力模型如下式所示：

$$Y_{it} = \alpha_1 + \alpha_2 \ln GDP_{it} + \alpha_3 \ln GDP_{jt} + \alpha_4 \ln POP_{it} + \alpha_5 \ln POP_{jt} + \alpha_6 dist_{ij}$$
$$+ \beta_{it} \sum (\ln X_{it} + \ln X_{jt}) + \chi_{it} + \delta_{it} + \varepsilon_{it} \qquad (4-5)$$

其中，Y_{it} 代表上述贸易品基于复杂网络构建的流动网络指标，包括入度（$IDEG$）、接近中心度（CC）、加权度（$WDEG$）、中介中心度（BC）以及聚类系数（CLU），这些均为来源国的贸易品流动格局拓扑指标。相关指标均来自前面相关章节的理论分析，上述指标均描述了锂和钽相关贸易品流动格局的状况，研究期间为 2009 ~ 2018 年，所有解释变量和控制变量均进行了对数化处理。

4.1.2.1　因变量含义分析

与进口国相关的变量包括入度（$IDEG$）、接近中心度（CC）和聚类系数（CLU）。入度代表了进口来源国的数量，直接反映了与其他国家的贸易来源关系。如果一个国家的入度较高，则其稀有金属供应的来源更多，这会使其进口更加多元化，进一步降低其对特定国家的依赖。接近中心度反映了其所在国是否处于网络的中心，代表了其在全球稀有金属流动网络中的资源反依赖能力。一个具有高接近中心度的国家可以很容易地获取资源，这可能会降低该国的进口风险。聚类系数反映了其贸易关系的复杂程度，代表了其与全球其他国家在稀有金属流动网络中的贸易联系的疏密程度。

与出口国相关的变量有加权度（$WDEG$）和中介中心度（BC）。加权度衡量了国家稀有金属的贸易总量，代表了该国在全球稀有金属市场的贸易份额。从供给方的角度来看，由于这些国家作为供应商的角色不可或缺，因此必须考虑这些国家在市场上的影响力，而加权度正适合衡量一国的全球竞争力。而中介中心度通过计算一个国家的最短路径的数量，反映了国家节点在网络中对贸易的控制能力。从出口国来看，中介中心度越高的国家拥有越优势的贸易地位，其在国际贸易中的资源控制能力可以通过中介中心度来衡量。

4.1.2.2　自变量含义分析

参照传统的引力模型，与林内曼（1966）模型相同的是，$\ln GDP_{it}$ 和 $\ln GDP_{jt}$ 分别代表来源国和目标国的经济发展水平，以 2010 年不变价美元为计价单位；$\ln POP_{it}$ 和 $\ln POP_{jt}$ 分别代表来源国和目标国的总人口数；$dist_{ij}$ 则表示了来源国和目标国首都间的地理距离。

$\sum (\ln X_{it} + \ln X_{jt})$ 代表了来源国和目标国的其他可能对流动格局存在影响的相关因素，选择的主要变量包括城市人口比重（UP）、工业产值（IND）和研发投入（RD）。

城市人口比重代表了所在国城市化水平，数据来源于世界银行数据库。城市人口比重越大，说明该国城市化水平越高，对工业制成品的需求会更为突出，城市人口数量并不能反映其城市化质量水平，且在计算过程中也容易出现疏漏，因而选择该指标作为分析指标之一。

工业产值代表了所在国工业的创造价值的水平，数据来源于世界银行数据库。相比工业化比重，该指标更能反映该国在世界经济整体分工中的地位和作用，而不是局限于其国家个体，视角更加全球化。在产业链分工全球化的今天，某一国家工业化的水平并不能反映其在全球产业分工中的重要性位置，工业产值更能体现一国在全球工业发展中的地位和作用，更能体现其重要性水平。因而，选择工业产值作为分析指标之一。

研发投入代表了所在国研发过程中资本要素的投入水平，由研发支出比重乘当年该国经济发展水平计算得出，数据来源于世界银行数据库。研发投入的资金数量反映了该国对研发资本要素的投入绝对量的大小，是评估研发条件是否充分的直接反映，一般来说，一国研发资本投入量与研发水平直接正向相关。

考虑了新技术革命对两种稀有金属不同贸易品的影响状况，构建的引力模型同上。为了考虑技术创新投入的差异性，进一步讨论了技术创新资本投入和人力投入对稀有金属流动格局的影响作用，因而该部分式子与上述略有不同的是，其中 $\sum (\ln X_{it} + \ln X_{jt})$ 代表来源国和目标国的研发投入（RD）和研发人员（RDP）数量。

研发人员数量代表了所在国研发过程中的人员参与水平，是技术创新人力资本投入水平的直接反映，数据来源于世界银行数据库。研发投入的人员数量反映了该国对研发劳动要素的投入绝对量的大小。某国研发劳动资源投入量与研发水平直接正向相关。劳动要素和资本要素投入的边际研发产出并不相同，其对流动格局的影响反映了不同贸易品的研发要素偏好。

4.2　全球锂资源流动格局影响因素分析

4.2.1　全球锂资源流动格局的经济性因素影响作用分析

基于双向固定效应引力模型，分析各常规因素对锂资源不同贸易产品流动网络格局的影响。对锂的氧化物及氢氧化物（HS：282520）全球流动格局影响因素回归的结果如表 4-1 所示。

表 4-1　　锂的氧化物及氢氧化物全球流动格局的影响因素分析

变量名	(1) IDEG_s	(2) WDEG_s	(3) CC_s	(4) BC_s	(5) CLU_s
$\ln GDP\_s$	-5.192 (-1.14)	-1.926e+07 *** (-2.72)	-0.265 (-1.10)	-343.696 * (-1.73)	-0.088 (-0.59)
$\ln GDP\_t$	6.199 (0.57)	-4853829.170 (-0.68)	0.023 (0.10)	52.201 (0.14)	0.055 (0.29)
$\ln POP\_s$	-15.566 *** (-3.77)	-1.965e+07 *** (-4.69)	-0.014 (-0.07)	-424.144 ** (-2.37)	0.034 (0.18)
$\ln POP\_t$	6.041 (0.36)	23320759.444 * (1.82)	0.279 (0.77)	381.744 (0.61)	-0.264 (-0.80)
$dist_{st}$	-0.004 (-0.48)	-14427.962 ** (-2.12)	-0.000 (-0.76)	-0.270 (-0.92)	0.000 (0.56)
$\ln UP\_s$	-5.710 (-0.71)	73209609.427 *** (5.75)	-0.033 (-0.14)	2235.623 *** (4.30)	0.353 * (1.74)
$\ln UP\_t$	2.141 (0.15)	9260600.921 (1.10)	0.209 (0.87)	244.152 (0.52)	0.111 (0.46)
$\ln IND\_s$	9.841 *** (3.08)	17613605.023 *** (3.56)	0.143 (0.92)	427.479 *** (3.16)	0.029 (0.32)

变量名	(1) IDEG_s	(2) WDEG_s	(3) CC_s	(4) BC_s	(5) CLU_s
lnIND_t	1.477 (0.22)	7168337.871 (1.56)	0.095 (0.73)	−66.723 (−0.33)	−0.071 (−0.58)
lnRD_s	−1.881 *** (−3.27)	−1606668.609 *** (−3.82)	−0.006 (−0.27)	−30.338 (−1.30)	0.013 (0.73)
lnRD_t	−2.077 (−1.02)	−1979292.402 (−1.22)	−0.079 ** (−2.03)	−31.125 (−0.38)	−0.011 (−0.31)
常数项	−43.517 (−0.17)	−2.754e+08 (−1.33)	−2.772 (−0.44)	−8321.091 (−0.87)	4.551 (0.83)
观察值	1749	1749	1749	1749	1749
R²	0.878	0.727	0.612	0.699	0.719
国家组固定效应	是	是	是	是	是
年份固定效应	是	是	是	是	是

注：括号内是 t 统计量；*** 、** 和 * 分别表示在 1%、5% 和 10% 的显著性水平下显著，"_s" 代表来源国，"_t" 代表目标国。

在控制国家组固定效应和年份固定效应后，仅来源国的 GDP 会显著负向影响锂的氧化物及氢氧化物的加权度和中介中心度，其中，加权度在 1% 显著性水平下负向显著，而中介中心度在 10% 显著性水平上负向显著。来源国的总人口会负向显著影响入度、加权度和中介中心度，上述影响基本在 5% 和 1% 显著性水平上负向显著；而目标国总人口会显著正向影响加权度，但影响的显著性水平较低。来源国和目标国之间的距离显著负向影响加权度，影响的显著性水平较高。来源国的城市人口比重会显著正向影响加权度、中介中心度和聚类系数，其中仅对聚类系数的影响在 10% 显著性水平上显著，其他均在 1% 显著性水平上显著，目标国的都市人口比重对相关指标并不存在显著影响。来源国的工业产值会显著正向影响其入度、加权度和中介中心度，且均在 1% 显著性水平上显著，而目标国的工业产值对相关指标并不存在显著影响。来源国的研发投入会显著负向影响入度和加权度，且均在 1% 显著性水平上显著。上述式子的拟合优度均大于 50%，模型的估计相对合适。

锂的氧化物及氢氧化物属于初级原料，对经济发展水平较高、人口规模较大的国家而言，初级原料的进口和加工并不具备优势，因而其对原材料的进口量相对较低。同时，其与原产国的距离越大，进口的运输成本越高，因而贸易规模和贸易水平负向相关于地理距离。国家的工业规模和城市人口比重越高，能从事原材料加工和生产的资金和人员越多，其对原材料加工的能力就越强，因而工业和城市人口规模显著影响了锂的氧化物及氢氧化物的流动趋势。对于锂的氧化物及氢氧化物，贸易来源国的指标会更多影响来源国的流动格局驱动因素，受影响的主要指标并不包括接近中心度和聚类系数，加权度指标是受影响最大的指标，经济发展水平、总人口、研发投入以及地理距离的影响均为负向，而城市人口比重和工业产值则更多为正向影响。综合来看，进口国的经济发展水平和人口规模吸引了更多的锂的氧化物及氢氧化物流入，工业化水平越高和城市人口比重越大，更多的锂的氧化物及氢氧化物也将流入。国家规模越大，经济发展水平越高，现代化实力越强，其吸引的锂的氧化物及氢氧化物越多。

表 4-2 显示了碳酸锂（HS：283691）全球流动格局影响因素的回归结果，表明对于碳酸锂，贸易来源国的指标会更多影响来源国的流动格局影响因素，受影响的主要指标不包括聚类系数，接近中心度是受影响最大的指标。经济发展水平越强，城市人口越多，对碳酸锂进口需求会越高，呈现正向影响。而总人口越多，其工业水平越强，其自身加工生产碳酸锂的能力也会越强，对碳酸锂进口需求则会显著减弱。而碳酸锂的加工工艺不强，就地加工会更具有优势。因而总人口和工业增加值的影响主要为负向，经济发展水平和都市人口的影响主要为正向，地理

距离的影响为正向，运输距离对这一工业加工品并不显著影响，经济和城市发展水平对碳酸锂进口具有巨大的吸引作用。经济规模越大，城市人口越多，碳酸锂消费会更加依赖进口。

表 4 - 2　　　　　　　　碳酸锂全球流动格局的影响因素分析

变量名	（1） IDEG_s	（2） WDEG_s	（3） CC_s	（4） BC_s	（5） CLU_s
$\ln GDP\_s$	16.982 *** (3.73)	10728627.609 (1.42)	0.118 * (1.65)	654.722 *** (2.80)	- 0.060 (- 0.36)
$\ln GDP\_t$	8.298 (1.10)	9219923.241 (1.05)	- 0.162 * (- 1.78)	671.601 (1.63)	- 0.061 (- 0.38)
$\ln POP\_s$	- 3.585 (- 1.13)	- 2.142e + 07 *** (- 3.43)	- 0.110 (- 1.16)	- 728.764 *** (- 3.22)	0.087 (0.49)
$\ln POP\_t$	- 18.953 (- 1.58)	- 6604039.019 (- 0.48)	0.657 ** (2.21)	- 1464.946 ** (- 2.16)	0.051 (0.15)
$dist_{st}$	- 0.010 (- 0.69)	30683.621 * (1.69)	0.001 * (1.92)	- 0.569 (- 0.70)	- 0.000 (- 0.33)
$\ln UP\_s$	- 19.194 *** (- 3.14)	99763484.811 *** (5.29)	0.052 (0.47)	1334.943 *** (2.66)	- 0.099 (- 0.46)
$\ln UP\_t$	- 17.496 * (- 1.72)	- 4349869.581 (- 0.34)	0.262 ** (2.30)	- 483.216 (- 0.83)	0.114 (0.53)
$\ln IND\_s$	- 10.402 *** (- 4.04)	- 2207316.862 (- 0.50)	- 0.129 *** (- 3.38)	- 500.213 *** (- 3.31)	- 0.021 (- 0.19)
$\ln IND\_t$	- 2.062 (- 0.44)	- 6682909.942 (- 1.24)	0.136 (1.42)	- 522.914 ** (- 2.02)	- 0.023 (- 0.19)
$\ln RD\_s$	- 0.147 (- 0.34)	9558.073 (0.01)	- 0.004 (- 0.41)	- 2.244 (- 0.10)	0.021 (0.90)
$\ln RD\_t$	0.853 (0.55)	861251.310 (0.45)	- 0.036 (- 1.20)	- 3.277 (- 0.04)	0.010 (0.26)
常数项	286.100 (0.80)	- 5.732e + 08 (- 1.48)	- 16.288 (- 1.63)	30768.639 (1.63)	3.186 (0.30)

续表

变量名	(1) IDEG_s	(2) WDEG_s	(3) CC_s	(4) BC_s	(5) CLU_s
观察值	2199	2199	2199	2199	2199
R^2	0.951	0.918	0.796	0.803	0.794
国家组固定效应	是	是	是	是	是
年份固定效应	是	是	是	是	是

注：括号内是 t 统计量；***、** 和 * 分别表示在 1%、5% 和 10% 的显著性水平下显著，"_s" 代表来源国，"_t" 代表目标国。

对比相关驱动因素对锂的氧化物及氢氧化物和碳酸锂的影响可以发现，由于相关贸易品在产业链不同环节的差异性，相关驱动因素对上述两种贸易品流动格局相关指标的影响作用在不同环节是不同的，甚至截然相反。而仅城市人口比重同时正向影响流动格局相关指标。分开来看，对锂的氧化物及氢氧化物的影响更多集中在对加权度指标的负面影响上，对碳酸锂的影响更多集中在对中介中心度指标的负面影响上，都是与出口国相关的指标，但作用的方向并不相同。总体而言，国家间的经济因素更多负面影响锂的氧化物及氢氧化物的总进口数量，更多负向影响其对碳酸锂资源的控制能力。

4.2.2　全球锂资源流动格局的研发要素影响偏向分析

基于引力模型和双重固定效应模型，进一步分析了技术创新要素投入对全球锂资源贸易流动格局的影响，主要分析的影响因素包括研发投入（RD）和研发人员数目（RDP）。技术创新因素对锂的氧化物及氢氧化物全球流动格局影响的回归结果如表 4-3 所示。

表4-3　　　　技术创新因素对锂的氧化物及氢氧化物全球流动格局的影响

变量名	(1) IDEG_s	(2) WDEG_s	(3) CC_s	(4) BC_s	(5) CLU_s
$\ln GDP\_s$	11.338 *** (4.83)	14438301.727 *** (4.31)	0.118 (1.41)	791.219 *** (5.44)	-0.104 (-1.61)
$\ln GDP\_t$	12.077 ** (2.32)	2129324.671 (0.43)	0.132 (1.41)	-48.631 (-0.22)	-0.054 (-0.65)
$\ln POP\_s$	-20.601 *** (-4.01)	-2.475e+07 *** (-4.04)	-0.119 (-0.60)	-535.655 ** (-2.49)	0.040 (0.20)
$\ln POP\_t$	4.220 (0.24)	7350876.870 (0.56)	0.231 (0.90)	662.700 (1.19)	-0.174 (-0.67)
$dist_{st}$	-0.005 (-0.58)	-4611.780 (-0.74)	-0.000 (-1.08)	-0.351 (-1.32)	0.000 (0.39)
$\ln RD\_s$	-1.908 *** (-2.89)	-18198.854 (-0.03)	-0.035 (-1.50)	-17.124 (-0.61)	0.030 (1.48)
$\ln RD\_t$	-3.635 * (-1.66)	-288639.026 (-0.16)	-0.056 (-1.49)	-2.925 (-0.03)	0.029 (0.86)
$\ln RDP\_s$	-0.753 (-0.72)	-2910355.525 *** (-4.26)	0.016 (0.67)	-58.779 * (-1.80)	-0.023 (-0.87)
$\ln RDP\_t$	0.682 (0.31)	-2155959.573 (-1.30)	-0.018 (-0.59)	-8.159 (-0.09)	-0.019 (-0.55)
常数项	-203.213 (-0.78)	-7.360e+07 (-0.34)	-6.042 (-1.03)	-19318.946 ** (-2.11)	6.100 (1.18)
观察值	1719	1719	1719	1719	1719
R^2	0.879	0.705	0.618	0.677	0.709
国家组固定效应	是	是	是	是	是
年份固定效应	是	是	是	是	是

注：括号内是 t 统计量；***、** 和 * 分别表示在1%、5%和10%的显著性水平下显著，"_s"代表来源国，"_t"代表目标国。

在控制国家组固定效应和年份固定效应后，对于锂的氧化物及氢氧化物（HS：282520），来源国的研发投入对入度的影响显著为负，显著性水平为1%；而目标国的研发投入弱显著影响入度，显著性水平为10%。来源国的研发人员数则显著负向影响加权入度、加权出度和加权度，在1%显著性水平上显著；目标国研发人员对流动格局不存在显著影响。由于锂的氧化物及氢氧化物属于初级原料，对研发参与的需求并不强烈，研发能力越强的国家，将会将目光更多关注于技术含量更高的锂资源产品，而非锂的氧化物及氢氧化物。因而对于锂的氧化物及氢氧化物，研发资本投入和研发人员都会负向影响其流动格局，研发能力越强，在国际锂的氧化物及氢氧化物贸易中，将占据劣势地位，研发能力对锂的氧化物及氢氧化物贸易流动格局的影响呈现强负相关。

技术创新因素对碳酸锂全球流动格局影响的结果如表4-4所示。在控制国家组固定效应和年份固定效应后，对于碳酸锂，来源国的研发投入显著正向影响入度、加权度以及聚类系数，显著性系数分别为10%、1%和10%；而目标国的研发投入弱显著影响加权入度，显著性水平为10%。来源国的研发人员数显著负向影响入度、加权度和聚类系数，分别在10%、1%和1%显著性水平上显著，显著正向影响接近中心度，显著性水平为1%；目标国研发人员不存在显著影响。其他常规指标影响和表4-2相同。与表4-2不同的是，研发投入存在显著影响，说明研发投入对全球流动网络的影响被工业产值和城市人口削弱了。不同于锂的氧化物及氢氧化物，碳酸锂属于工业制成品，且该类稀有金属资源研发较为前沿，对资金的需求大于对人才的需求。因而，对于碳酸锂，研发资本投入会正向影响其流动格局相关指标，而研发人员数量负向影响其流动格局相关指标，说明研发资本投入能力越强，碳酸锂进口量越大，而研发人力资本投入越多，其在国际碳酸锂贸易中的地位越边缘化，碳酸锂研发更加偏向资金投入，人力资本对其贸易流动格局的作用不强。

表 4-4 技术创新因素对碳酸锂全球流动格局的影响

变量名	(1) IDEG_s	(2) WDEG_s	(3) CC_s	(4) BC_s	(5) CLU_s
lnGDP_s	-2.096 (-1.07)	26506168.707 *** (4.65)	-0.034 (-1.10)	161.913 (1.10)	-0.093 (-1.54)
lnGDP_t	-2.050 (-0.63)	1756127.689 (0.31)	-0.016 (-0.37)	-99.093 (-0.55)	-0.030 (-0.41)
lnPOP_s	3.546 (0.97)	-2.626e+07 *** (-3.10)	-0.022 (-0.22)	-467.623 * (-1.87)	0.224 (1.33)
lnPOP_t	-18.734 ** (-1.98)	13427335.394 (0.69)	0.315 ** (2.27)	-574.912 (-0.99)	0.124 (0.53)
$dist_{st}$	-0.025 * (-1.87)	30730.186 (1.21)	0.000 * (1.78)	-0.484 (-0.60)	-0.000 (-0.34)
lnRD_s	0.743 * (1.71)	3975869.886 *** (3.35)	-0.007 (-0.94)	20.160 (0.89)	0.033 * (1.75)
lnRD_t	1.662 (1.19)	489285.699 (0.20)	0.004 (0.21)	11.635 (0.14)	0.006 (0.19)
lnRDP_s	-0.923 * (-1.94)	-3924457.773 *** (-3.52)	0.025 *** (2.61)	-23.004 (-0.77)	-0.057 *** (-2.77)
lnRDP_t	0.834 (0.49)	-3372854.257 (-1.19)	-0.021 (-0.80)	-26.992 (-0.25)	0.009 (0.24)
常数项	581.912 * (1.86)	-8.779e+08 (-1.53)	-7.098 (-1.53)	21103.957 (1.15)	-1.599 (-0.21)
观察值	2123	2123	2123	2123	2123
R²	0.959	0.896	0.791	0.809	0.807
国家组固定效应	是	是	是	是	是
年份固定效应	是	是	是	是	是

注：括号内是 t 统计量；*** 、** 和 * 分别表示在 1% 、5% 和 10% 的显著性水平下显著，"_s" 代表来源国，"_t" 代表目标国。

对比研发要素投入因素对锂的氧化物及氢氧化物以及碳酸锂的影响，仅研发人力资本产生了负向影响。可见对国家而言，不论是哪一种锂资源相关的贸易产品，增加研发资本投入将提高其在流动格局中的地位。

4.3　全球钽资源流动格局影响因素分析

4.3.1　全球钽资源流动格局的经济性因素影响作用分析

基于双向固定效应模型和拓展的引力模型，分析各常规因素对钽资源不同贸易品流动网络格局的影响。钽资源不同贸易品包括钽铌矿石（HS：261590）、钽粗胚（HS：8103）、钽废料（HS：810390）和含钽电容器（HS：853221）。

对钽铌矿石全球流动格局的影响因素分析结果如表 4 – 5 所示。在控制国家组固定效应和年份固定效应后，来源国 GDP 仅负向显著影响了中介中心度，显著性水平为 1%；而目标国的 GDP 不存在显著影响。来源国的总人口仅负向影响聚类系数，显著性水平为 1%；而目标国的总人口并不显著影响其全球流动格局。贸易国间的地理距离在 5% 水平下显著负向影响中介中心度。来源国的城市人口比重显著负向影响中介中心度，显著性水平为 5%；目标国的城市人口比重对流动格局不存在显著影响。来源国的工业水平显著正向影响中介中心度，显著性水平为 1%；目标国工业产值水平并不存在显著影响。来源国的研发投入显著正向影响中介中心度，显著性水平为 1%；目标国研发投入并不存在显著影响。由于钽铌矿石属于初级产品，其进口需求主要为工业生产和加工，因而对于经济发展水平较高，人口规模巨大的大国而言，GDP 和人口对该贸易品流动格局的影响并不强，甚至可能是负向影响。由于该类产品加工需要的工业生产规模较大，对土地的需求较高，因而工业规模正向影响该贸易品的贸易流动格局。城市人口对该类产品的需求并不高，更多倾向于下游制成品产品，所以城市人口负向影响该贸易品的贸易流动格局，工业水平对国家在钽铌矿石贸易中的地位和作用具有重要意义。

表4-5 钽铌矿石全球流动格局的影响因素分析

变量名	(1) IDEG_s	(2) WDEG_s	(3) CC_s	(4) BC_s	(5) CLU_s
lnGDP_s	-1.834 (-0.26)	5598000.289 (0.21)	-0.282 (-0.28)	-1966.873*** (-3.14)	0.988 (1.61)
lnGDP_t	-2.478 (-0.30)	-1.528e+07 (-0.74)	0.378 (0.94)	308.408 (0.38)	0.014 (0.06)
lnPOP_s	0.498 (0.09)	14906919.408 (0.94)	-0.124 (-0.29)	-473.740 (-1.20)	-1.714*** (-2.91)
lnPOP_t	5.171 (0.61)	53923090.734 (1.24)	0.081 (0.16)	433.684 (0.41)	-0.728 (-1.62)
$dist_{st}$	-0.002 (-0.67)	1726.802 (0.18)	-0.000 (-0.51)	-0.642** (-2.02)	-0.000 (-1.09)
lnUP_s	5.077 (0.53)	28182794.653 (0.87)	-0.021 (-0.02)	-1879.161** (-2.19)	-0.465 (-0.50)
lnUP_t	-16.296 (-1.35)	-5.141e+07 (-0.84)	-0.223 (-0.44)	-432.425 (-0.33)	0.624 (1.36)
lnIND_s	2.797 (0.53)	-8659885.075 (-0.33)	0.056 (0.11)	1727.519*** (3.45)	-0.364 (-0.93)
lnIND_t	5.988 (1.61)	6908620.169 (0.74)	-0.179 (-0.84)	-141.446 (-0.44)	0.004 (0.03)

续表

变量名	(1) IDEG_s	(2) WDEG_s	(3) CC_s	(4) BC_s	(5) CLU_s
ln*RD_s*	-0.625 (-0.83)	-615114.505 (-0.26)	0.065 (0.89)	182.892*** (2.96)	-0.119 (-1.64)
ln*RD_t*	0.512 (0.44)	-662513.520 (-0.23)	-0.039 (-0.89)	1.760 (0.02)	-0.046 (-0.92)
常数项	-149.382 (-0.73)	-7.469e+08 (-1.24)	2.009 (0.12)	11000.966 (0.51)	27.570** (2.33)
观察值	696	696	696	696	629
R^2	0.958	0.759	0.723	0.935	0.629
国家组固定效应	是	是	是	是	是
年份固定效应	是	是	是	是	是

注：括号内是 *t* 统计量；*** 、** 和 * 分别表示在 1%、5% 和 10% 的显著性水平下显著，"_s" 代表来源国，"_t" 代表目标国。

表 4-6 显示了钽粗胚全球流动格局的影响因素分析结果。在控制国家组固定效应和年份固定效应后，来源国 GDP 仅负向显著影响了中介中心度，显著性水平为 1%；而目标国的 GDP 不存在影响。来源国的总人口仅负向影响聚类系数，显著性水平为 1%；而目标国的总人口并不显著影响其贸易流动格局。贸易国间的地理距离在 5% 水平下显著负向影响中介中心度；而来源国的城市人口比重显著负向影响中介中心度，显著性水平为 5%，目标国不存在显著影响。来源国的工业水平显著正向影响中介中心度，显著性水平分别为 1%；目标国工业化水平不存在显著影响。来源国的研发投入显著正向影响中介中心度，显著性水平为 1%。

表4-6　　　　　　　钽粗胚全球流动格局的影响因素分析

变量名	(1) IDEG_s	(2) WDEG_s	(3) CC_s	(4) BC_s	(5) CLU_s
lnGDP_s	-1.153 (-0.68)	-393790.331 *** (-2.63)	-0.099 * (-1.65)	229.659 *** (2.67)	-0.340 * (-1.66)
lnGDP_t	0.496 (0.16)	-541478.713 ** (-2.10)	-0.004 (-0.08)	-271.272 (-1.59)	0.126 (0.90)
lnPOP_s	-5.787 *** (-2.71)	601646.372 *** (3.68)	-0.168 ** (-2.55)	-354.077 *** (-4.37)	0.696 *** (2.72)
lnPOP_t	-2.732 (-0.67)	186484.332 (0.54)	0.023 (0.34)	308.816 (1.20)	-0.104 (-0.62)
dist_{st}	-0.004 * (-1.82)	464.860 *** (2.68)	-0.000 (-0.30)	-0.334 *** (-3.98)	0.001 ** (2.42)
lnUP_s	-7.611 *** (-2.85)	127569.066 (0.51)	0.137 ** (2.01)	-210.370 (-1.47)	0.484 * (1.90)
lnUP_t	0.306 (0.07)	640903.718 (1.62)	0.030 (0.37)	326.430 (1.33)	-0.011 (-0.05)
lnIND_s	4.159 *** (3.74)	29701.785 (0.32)	0.074 ** (2.35)	-71.927 (-1.35)	0.144 (1.00)
lnIND_t	-0.622 (-0.35)	251912.864 * (1.78)	-0.018 (-0.56)	153.856 (1.52)	-0.101 (-0.91)
lnRD_s	-0.605 *** (-2.94)	-3240.833 (-0.17)	0.029 *** (4.15)	-26.480 *** (-2.90)	0.016 (0.56)
lnRD_t	0.044 (0.09)	44123.043 (1.27)	-0.000 (-0.05)	16.350 (0.65)	0.005 (0.25)
常数项	153.835 * (1.87)	-3037943.758 (-0.43)	2.671 (1.47)	1614.801 (0.37)	-12.473 * (-1.94)
观察值	2980	2980	2980	2980	2980
R²	0.990	0.931	0.889	0.933	0.839
国家组固定效应	是	是	是	是	是
年份固定效应	是	是	是	是	是

注：括号内是 t 统计量；*** 、 ** 和 * 分别表示在1%、5%和10%的显著性水平下显著，"_s"代表来源国，"_t"代表目标国。

钽粗胚属于钽产业链上游产品，其市场规模较小，生产主要集中在少数几个国家。其进口主要用于生产下游含钽电容器，生产并不普遍，对城市劳动人口的需求不高，而对国家整体工业水平的要求较高，因而国家的整体规模对钽粗胚流动格局的影响较弱。经济和人口发展水平对该贸易产品流动格局的影响并不强，且主要是负向影响。城市人口比重负向影响钽粗胚的贸易流动格局，而工业规模正向影响该贸易品的贸易流动格局，工业水平对国家在钽铌矿石贸易中的地位和作用具有重要意义。上述变量对钽粗胚流动格局的影响与对钽铌矿石流动格局的影响相似。

表 4-7 显示了钽废料全球流动格局的影响因素的分析结果。在控制国家组固定效应和年份固定效应后，来源国 GDP 显著正向影响了入度和接近中心度，显著性水平均为 1%，在 5% 水平上负向显著影响聚类系数；而目标国的 GDP 显著负向影响中介中心度，显著性水平为 1%。来源国总人口显著负向影响了入度和中介中心度，除加权入度的显著性水平为 10%，其他显著性水平为 1%；目标国总人口显著正向影响中介中心度，显著性水平为 5%。地理距离显著负向影响入度、加权度和中介中心度，除加权度指标显著性水平为 5%，其他显著性水平为 1%。来源国的城市人口比重会显著正向影响入度、加权度、接近中心度和中介中心度，显著性水平除加权度和接近中心度为 10% 外，其他均为 1%；目标国的城市人口比重在 1% 水平上显著正向影响中介中心度。来源国的工业产值显著负向影响中介中心度，显著正向影响聚类系数，均在 1% 水平上显著；目标国工业产值显著正向影响中介中心度，显著性水平为 5%。来源国研发投入显著负向影响加权度和中介中心度，显著正向影响接近中心度和聚类系数；目标国研发投入在 1% 水平上显著正向影响加权入度和加权度。上述式子的拟合优度均大于 50%，模型的估计相对合适。

表 4 - 7　　　　　　　　　　　钽废料全球流动格局的影响因素分析

变量名	(1) IDEG_s	(2) WDEG_s	(3) CC_s	(4) BC_s	(5) CLU_s
lnGDP_s	7.717 *** (3.21)	-45156.839 (-0.60)	0.038 (0.39)	861.002 *** (8.42)	-0.563 ** (-2.19)
lnGDP_t	5.394 (1.35)	-173636.589 (-1.42)	-0.136 (-1.36)	-654.694 *** (-2.78)	0.107 (0.56)
lnPOP_s	-20.872 *** (-7.95)	-123386.976 (-1.64)	-0.036 (-0.32)	-774.021 *** (-8.16)	0.350 (0.97)
lnPOP_t	-9.211 (-1.31)	138176.104 (0.73)	0.078 (0.60)	1143.570 *** (2.85)	0.126 (0.37)
dist_st	-0.023 *** (-8.48)	-234.789 ** (-2.47)	-0.000 (-0.26)	-0.769 *** (-8.23)	0.000 (1.01)
lnUP_s	23.467 *** (5.60)	321821.190 * (1.81)	0.172 * (1.73)	638.908 *** (5.17)	-0.028 (-0.09)
lnUP_t	-6.926 (-1.14)	83393.272 (0.45)	0.203 (1.43)	953.055 *** (2.88)	-0.022 (-0.07)
lnIND_s	-1.538 (-1.10)	20894.372 (0.51)	-0.022 (-0.38)	-454.305 *** (-7.70)	0.377 *** (2.64)
lnIND_t	-2.909 (-1.28)	89298.020 (1.29)	0.039 (0.77)	286.787 ** (2.13)	-0.079 (-0.51)
lnRD_s	-0.105 (-0.36)	-46824.400 *** (-3.80)	0.030 *** (3.35)	-46.357 *** (-4.31)	0.098 *** (2.60)
lnRD_t	0.112 (0.22)	46312.157 *** (2.66)	0.012 (1.15)	8.090 (0.32)	-0.001 (-0.02)
常数项	382.102 *** (3.02)	2317484.842 (0.62)	-0.323 (-0.12)	-9395.513 (-1.51)	-8.347 (-0.84)
观察值	2376	2376	2376	2376	2376
R²	0.988	0.862	0.854	0.879	0.790
国家组固定效应	是	是	是	是	是
年份固定效应	是	是	是	是	是

注：括号内是 t 统计量；*** 、** 和 * 分别表示在 1%、5% 和 10% 的显著性水平下显著，"_s"代表来源国，"_t"代表目标国。

　　由于钽废料具有重要的回收价值，因而经济效益较高。而处理钽废料并不需要太多人力资本投入，对人力资本的素质要求更高。因而对于钽废料，GDP 对该贸易品流动格局的影响较强，且主要是正向影响。人口发展水平对该贸易品流动格局的影响也较强，但更多是负向影响，城市人口比重则负向影响钽废料的流动格局。工业水平对国家在钽废料贸易中的地位具有重要意义，因而城市人口比重正向影响该贸易品的贸易流动格局，工业规模负向影响该贸易品的贸易流动格局。上述变量对钽废料流动格局的影响与对钽铌矿石、钽粗胚流动格局影响整体相反。

　　表 4 - 8 显示了对含钽电容器全球流动格局影响因素的分析结果。在控制国家组固定效应和年份固定效应后，来源国 GDP 显著正向影响入度和聚类系数，显著负向影响中介中心度，显著性水平为 1%；目标国 GDP 影响不显著。来源国总人口显著正向影响加权度，显著负向影响入度、接近中心度、中介中心度和聚类系数，显著性水平均为 1%；目标国总人口在 10% 水平显著负向影响加权度。地理距离正向显著影响加权度，负向影响中介中心度，显著性水平均为 5%。来源国的城市人口比重显著正向影响中介中心度，显著负向影响加权度和聚类系数，显著性水平均为 5%；目标国的城市人口比重则无显著影响。来源国工业产值显著正向影响接近中心度和中介中心度，显著负向影响入度和聚类系数，显著性水平均为 1%；目标国工业产值不存在显著影响。目标国研发投入显著正向影响入度、加权度、接近中心度和中介中心度，显著负向影响聚类系数，除加权度外，显著性水平均为 1%。

表4-8 含钽电容器全球流动格局的影响因素分析

变量名	(1) IDEG_s	(2) WDEG_s	(3) CC_s	(4) BC_s	(5) CLU_s
lnGDP_s	12.181*** (6.07)	-20817.698 (-0.05)	-0.035 (-1.52)	-896.566*** (-8.22)	0.243*** (3.20)
lnGDP_t	-0.212 (-0.10)	595733.688 (1.03)	-0.013 (-0.66)	7.971 (0.05)	-0.019 (-0.42)
lnPOP_s	-11.788*** (-7.20)	730955.666*** (3.24)	-0.147*** (-8.65)	-1046.556*** (-11.13)	-0.224*** (-3.76)
lnPOP_t	-0.446 (-0.15)	-1099136.672* (-1.70)	-0.016 (-0.56)	56.993 (0.28)	0.026 (0.46)
dist_{st}	-0.001 (-1.25)	435.341** (2.32)	0.000 (1.54)	-0.140** (-2.24)	0.000 (1.14)
lnUP_s	4.996 (1.44)	-3391476.129*** (-8.11)	0.016 (0.50)	2579.297*** (11.33)	-0.214** (-2.34)
lnUP_t	0.058 (0.02)	-626840.856 (-0.85)	-0.018 (-0.60)	-48.034 (-0.23)	0.002 (0.03)
lnIND_s	-3.207*** (-2.65)	-61444.674 (-0.26)	0.035*** (3.03)	569.759*** (9.77)	-0.122*** (-2.83)
lnIND_t	-0.581 (-0.42)	-314682.733 (-0.88)	0.013 (1.09)	-7.642 (-0.07)	0.010 (0.37)
lnRD_s	2.468*** (9.01)	84787.161** (2.11)	0.014*** (5.75)	101.097*** (6.32)	-0.036*** (-4.58)
lnRD_t	0.235 (1.11)	-34674.346 (-0.73)	-0.002 (-1.28)	-8.731 (-0.60)	-0.002 (-0.41)
常数项	-63.994 (-1.20)	15854055.159 (1.42)	3.049*** (6.14)	14962.486*** (4.11)	2.281* (1.75)

续表

变量名	（1） IDEG_s	（2） WDEG_s	（3） CC_s	（4） BC_s	（5） CLU_s
观察值	9692	9692	9692	9692	9692
R²	0.989	0.593	0.888	0.912	0.884
国家组固定效应	是	是	是	是	是
年份固定效应	是	是	是	是	是

注：括号内是 t 统计量；*** 、** 和 * 分别表示在 1%、5% 和 10% 的显著性水平下显著，"_s" 代表来源国，"_t" 代表目标国。

含钽电容器在电子信息时代具有重要用途，经济越发达，对该产品用途越多，但是使用该产品需要国家保持一定的现代化水平，因为含钽电容器并不能直接转化为电子消费品。因而，经济发展水平越高，工业化水平和城市人口比重越大的国家越吸引更多的含钽电容器进口。而总人口不一定能转换为经济性人口，人口规模较大的国家往往是发展中国家。因而，上述结果表明，对于含钽电容器，GDP 对该贸易品流动格局具有较强的正向影响；人口水平对该贸易品流动格局的影响则更多是负向影响，人口规模反而限制了其在流动网络中的地位；城市人口比重和工业规模则更多发挥了正向影响，该贸易品的贸易流动格局受现代化水平影响更为明显。上述变量对含钽电容器全球流动格局影响和对钽粗胚流动格局的影响相似。

分析各个经济类型驱动因素对上述四种钽贸易品流动格局的影响可以发现，除钽废料外，工业发展水平对其他三种钽贸易流动拓扑结构均产生了正向影响，而经济因素对其他钽产品均存在负向影响。此外，钽粗胚贸易主要集中于小规模国家，被少数国家所左右，因而人口因素均主要呈现负向影响。总体而言，除钽废料以外，引力模型中各个指标对钽贸易流动格局影响主要呈现负向影响，研究期间钽贸易处于萎缩状态。

越处于产业链下游的钽贸易品，其贸易流动格局指标受经济指标影响越多，钽产业链下游流动格局市场化水平更强。

4.3.2　全球钽资源流动格局的研发要素影响偏向分析

技术创新因素对钽铌矿石全球流动格局的影响因素的分析结果如表4-9所示。在控制国家组固定效应和年份固定效应后，对于钽铌矿石，来源国的研发投入显著正向影响中介中心度，显著负向影响聚类系数，显著性水平分别为5%和1%；目标国的研发投入没有显著影响。来源国和目标国的研发人员数目都对其没有显著影响。其他常规指标影响和表4-5相似。上述式子的拟合优度均大于50%，模型的估计相对合理。

表4-9　　　技术创新因素对钽铌矿石全球流动格局的影响

变量名	(1) $IDEG\_s$	(2) $WDEG\_s$	(3) CC_s	(4) BC_s	(5) CLU_s
$\ln GDP\_s$	5.093 (1.60)	4692373.043 (0.45)	-0.195 (-0.77)	23.917 (0.09)	0.467 *** (2.86)
$\ln GDP\_t$	-0.877 (-0.25)	-1.670e+07 (-0.79)	0.036 (0.27)	-173.171 (-0.60)	0.113 (0.73)
$\ln POP\_s$	-4.785 (-0.81)	-3914111.312 (-0.26)	-0.185 (-0.35)	-1073.946 ** (-2.59)	-1.388 ** (-2.56)
$\ln POP\_t$	-0.771 (-0.07)	39477662.364 (1.25)	-0.120 (-0.23)	-649.609 (-0.71)	-0.303 (-0.73)
$dist_{st}$	-0.000 (-0.18)	-1287.631 (-0.46)	0.000 (0.53)	0.063 (0.62)	0.000 (0.74)
$\ln RD\_s$	-0.288 (-0.41)	-1426930.353 (-0.45)	0.064 (0.64)	151.404 ** (2.18)	-0.172 *** (-2.66)

变量名	(1) IDEG_s	(2) WDEG_s	(3) CC_s	(4) BC_s	(5) CLU_s
lnRD_t	0.012 (0.01)	−2311055.542 (−0.72)	−0.036 (−1.01)	39.349 (0.37)	−0.010 (−0.22)
lnRDP_s	0.241 (0.33)	5848495.328 (1.65)	−0.035 (−0.32)	−101.751 (−1.29)	0.072 (0.79)
lnRDP_t	−1.280 (−0.84)	4382166.363 (0.93)	0.109 (1.55)	104.223 (0.64)	−0.047 (−0.96)
常数项	2.445 (0.01)	−2.678e+08 (−0.59)	8.358 (0.65)	29629.158** (2.01)	17.520 (1.51)
观察值	705	705	705	705	620
R^2	0.961	0.772	0.721	0.939	0.656
国家组固定效应	是	是	是	是	是
年份固定效应	是	是	是	是	是

注：括号内是 t 统计量；***、**和*分别表示在1%、5%和10%的显著性水平下显著，"_s"代表来源国，"_t"代表目标国。

　　研发能力越强的国家，对钽铌矿石这一低端矿石冶炼的需求越低，因而，其在网络中的重要性越弱，从而负向影响了其聚类系数。对稀有金属产业链前端而言，其技术研发薄弱，并不需要投入大量人才，研发人员数目并不影响其矿石进口。上述结果显示，对于钽铌矿石，仅研发资本投入会影响其流动格局。总体而言，由于仅研发资本投入存在影响，研发要素影响对其流动格局的影响更加偏向资本性要素。

　　技术创新因素对钽粗胚全球流动格局影响的分析结果如表4－10所示。在控制国家组固定效应和年份固定效应后，来源国的研发投入显著负向影响加权度、中介中心度和聚类系数，显著性水平均为1%；目标国的研发投入只对中介中心度有显著正向影响。来源国的研发人员数目显著正向影响加权度、接近中心度、中介中心度和聚类系数，其中对接近中心度影响在5%水平上显著，对其他指标的影响均在1%水平上显著；目标国的研发人员数对流动格局不存在显著影响。其他常规指标的影响和表4-6相似。

表4-10　　　　　　技术创新因素对钽粗胚全球流动格局的影响

变量名	(1) IDEG_s	(2) WDEG_s	(3) CC_s	(4) BC_s	(5) CLU_s
$lnGDP\_s$	3.713 *** (3.90)	− 155623.647 * (− 1.84)	0.037 ** (2.04)	195.293 *** (4.17)	0.087 (1.11)
$lnGDP\_t$	− 0.170 (− 0.15)	− 80382.425 (− 0.90)	0.008 (0.41)	− 19.961 (− 0.37)	0.032 (0.51)
$lnPOP\_s$	− 3.641 (− 1.56)	959371.998 *** (4.17)	− 0.179 *** (− 2.87)	− 515.536 *** (− 4.91)	0.386 * (1.73)
$lnPOP\_t$	− 1.175 (− 0.31)	91239.384 (0.28)	− 0.014 (− 0.24)	− 4.756 (− 0.02)	0.118 (0.68)
$dist_{st}$	− 0.002 (− 0.60)	933.123 *** (3.61)	0.000 (0.15)	− 0.541 *** (− 4.73)	0.000 * (1.67)
$lnRD\_s$	− 0.206 (− 0.57)	− 145433.224 *** (− 4.54)	0.009 (1.17)	− 58.161 *** (− 3.91)	− 0.110 *** (− 4.04)
$lnRD\_t$	0.187 (0.40)	54454.952 (1.46)	− 0.003 (− 0.48)	37.250 * (1.74)	0.003 (0.13)
$lnRDP\_s$	0.097 (0.25)	221345.386 *** (5.62)	0.032 ** (2.55)	85.433 *** (4.43)	0.147 *** (5.16)
$lnRDP\_t$	− 0.434 (− 0.76)	− 44737.076 (− 0.78)	0.016 ** (2.07)	− 42.729 (− 1.54)	0.028 (1.16)
常数项	7.371 (0.08)	− 1.775e + 07 ** (− 2.03)	1.749 (0.94)	8238.761 * (1.78)	− 13.952 ** (− 2.11)
观察值	3096	3096	3096	3096	3096
R^2	0.989	0.903	0.893	0.927	0.850
国家组固定效应	是	是	是	是	是
年份固定效应	是	是	是	是	是

　　注：括号内是 t 统计量；***、** 和 * 分别表示在1%、5%和10%的显著性水平下显著，"_s"代表来源国，"_t"代表目标国。

　　由于钽粗胚属于钽产业链上游，其技术研发导向为含钽合金研究，对于该部门的研究而言，研发资本投入的收益远低于研发人员投入的收益。此外，钽的相关技术也已成熟，对国家而言，前期的人员投入反而有利于研发人员的培养和扩大。上述结果显示，对于钽粗胚，研发资本投入和研发人员会显著影响其流动格局，但研发资本投入呈现负向影响，而研发人力投入则为正向影响，钽粗胚流动格局的影响是人力投入导向型的，说明研发人力资本投入在国际钽粗胚贸易中将占据优势地位。

　　技术创新因素对钽废料影响全球流动格局的结果如表 4 - 11 所示。在控制国家组固定效应和年份固定效应后，对于钽废料，来源国的研发投入显著正向影响入度和接近中心度，显著负向影响加权度和聚类系数，除接近中心度和聚类系数的显著性为 5% 外，其他均在 1% 显著性水平上显著；目标国的研发投入不存在显著影响。来源国的研发人员数目显著正向影响加权度和聚类系数，显著负向影响入度，除对聚类系数的影响在 10% 上显著，其他影响均在 5% 水平上显著；目标国的研发人员数目在 5% 显著性水平上正向影响入度。其他常规指标影响和表 4 - 7 相似。

表 4 - 11　　　　　技术创新因素对钽废料全球流动格局的影响

变量名	(1) $IDEG\_s$	(2) $WDEG\_s$	(3) CC_s	(4) BC_s	(5) CLU_s
$\ln GDP\_s$	9. 390 *** (6. 52)	185584. 427 *** (2. 74)	0. 017 (0. 65)	351. 678 *** (7. 22)	0. 222 ** (2. 30)
$\ln GDP\_t$	0. 487 (0. 33)	- 18283. 786 (- 0. 31)	- 0. 007 (- 0. 24)	- 89. 111 (- 1. 40)	0. 004 (0. 05)
$\ln POP\_s$	- 15. 941 *** (- 5. 10)	271859. 298 * (1. 82)	- 0. 059 (- 0. 62)	- 745. 994 *** (- 6. 46)	- 0. 032 (- 0. 09)
$\ln POP\_t$	- 10. 980 ** (- 2. 03)	91900. 983 (0. 35)	- 0. 052 (- 0. 42)	382. 077 (1. 33)	0. 253 (0. 88)

变量名	(1) IDEG_s	(2) WDEG_s	(3) CC_s	(4) BC_s	(5) CLU_s
$dist_{st}$	-0.011 *** (-3.43)	357.002 ** (2.06)	-0.000 (-0.31)	-0.662 *** (-5.40)	0.000 (0.04)
$\ln RD\_s$	1.656 *** (3.94)	-94128.942 *** (-4.75)	0.025 ** (2.44)	-1.554 (-0.10)	-0.088 ** (-2.08)
$\ln RD\_t$	-0.296 (-0.52)	33879.845 (1.23)	0.013 (0.91)	38.411 (1.38)	-0.006 (-0.21)
$\ln RDP\_s$	-2.087 *** (-4.16)	51351.973 ** (2.05)	0.017 (1.49)	-12.620 (-0.56)	0.091 * (1.73)
$\ln RDP\_t$	1.397 ** (2.13)	-25171.012 (-0.61)	-0.014 (-0.66)	-1.717 (-0.05)	0.050 (1.59)
常数项	283.903 ** (2.33)	-1.220e+07 * (-1.74)	1.565 (0.52)	2653.112 (0.46)	-9.340 (-0.92)
观察值	2429	2429	2429	2429	2429
R^2	0.987	0.682	0.835	0.861	0.795
国家组固定效应	是	是	是	是	是
年份固定效应	是	是	是	是	是

注：括号内是 t 统计量；*** 、** 和 * 分别表示在 1%、5% 和 10% 的显著性水平下显著，"_s" 代表来源国，"_t" 代表目标国。

由于钽废料并非研发的主要导向，目前对钽废料的回收利用价值并不如开采原矿带来的经济价值大。对研发资金投入较多的国家而言，其对钽废料的处理是扩大来源国数量，减少总体钽废料进口数目，从而提高自己投入的研发价值；对研发人力资本投入更多的国家而言，减少进口来源国数目，提高总体进口数量，可以充分利用本国研发人员。上述结果显示，对于钽废料，研发资本投入和研发人员会显著影响其流动格局相关指标。但相对而言，研发资本投入对钽废料流动格局指标的影响多于研发人力投入的影响，说明钽废料流动格局的形成是资本导向型的，说明研发资本在全球钽废料贸易中占据优势地位。

技术创新因素对含钽电容器全球流动格局影响的结果如表 4 - 12 所示。在控制国家组固定效应和年份固定效应后，来源国的研发投入显著正向影响入度和接近中心度，负向显著影响加权度和聚类系数，显著性水平为 5%；目标国的研发投入不存在显著影响。来源国的研发人员数目显著正向影响加权度、接近中心度和中介中心度，显著负向影响入度，除入度在 10% 显著外，其他均在 1% 显著；目标国的研发人员数目不存在显著影响。其他常规指标影响和表 4 - 8 相似。上述式子的拟合优度基本大于 50%，模型的估计相对合适。与前表中结果不同的是，研发资本投入对加权度的影响由正转负，但模型拟合水平不高，且显著性不强。

表 4 - 12　　技术创新因素对含钽电容器全球流动格局的影响

变量名	(1) IDEG_s	(2) WDEG_s	(3) CC_s	(4) BC_s	(5) CLU_s
$\ln GDP\_s$	8.030 *** (9.17)	- 2965357.712 *** (- 4.22)	- 0.018 *** (- 2.92)	214.963 *** (3.59)	0.075 *** (3.91)
$\ln GDP\_t$	- 0.210 (- 0.20)	1154267.878 (1.03)	- 0.002 (- 0.31)	- 36.670 (- 0.57)	- 0.020 (- 1.16)
$\ln POP\_s$	- 11.767 *** (- 6.80)	- 1.728e + 07 *** (- 4.37)	- 0.094 *** (- 6.41)	- 1117.099 *** (- 10.93)	- 0.202 *** (- 4.18)
$\ln POP\_t$	- 0.986 (- 0.34)	- 386453.866 (- 0.12)	0.010 (0.44)	165.657 (0.96)	0.049 (1.09)
$dist_{st}$	- 0.001 (- 0.73)	834.428 (0.74)	0.000 (1.14)	- 0.045 (- 0.80)	0.000 (0.96)
$\ln RD\_s$	2.359 *** (8.08)	- 420862.907 ** (- 2.39)	0.010 *** (5.26)	20.316 (1.62)	- 0.043 *** (- 5.59)

变量名	(1) IDEG_s	(2) WDEG_s	(3) CC_s	(4) BC_s	(5) CLU_s
$lnRD\_t$	0.193 (0.56)	−273533.539 (−0.79)	−0.002 (−0.86)	−6.450 (−0.29)	0.000 (0.02)
$lnRDP\_s$	−0.715* (−1.87)	2060000.922*** (5.06)	0.014*** (4.61)	176.085*** (5.81)	0.011 (1.37)
$lnRDP\_t$	−0.280 (−0.76)	370748.233 (0.82)	0.001 (0.35)	5.396 (0.21)	0.006 (1.00)
常数项	−13.355 (−0.24)	3.444e+08*** (3.75)	2.082*** (4.91)	10621.022*** (3.18)	2.252* (1.87)
观察值	9764	9764	9764	9764	9764
R²	0.988	0.311	0.910	0.915	0.926
国家组固定效应	是	是	是	是	是
年份固定效应	是	是	是	是	是

注：括号内是 t 统计量；***、**和*分别表示在1%、5%和10%的显著性水平下显著，"_s"代表来源国，"_t"代表目标国。

进入电子信息时代，重大科研项目的研发工作均呈现电子化的特点，对电子设备的需求量提升。研发资本和人员投入均对含钽电容器有着重大需求，研发人力资本和含钽电容器互补。因而，对于含钽电容器，研发资本投入和研发人员均会显著影响其流动格局相关指标，研发人力资本投入会增强含钽电容器的进口数目，研发资本投入则相反。

通过分析技术创新要素投入对四类钽贸易品流动格局的作用发现，研发人员数目在各类钽流动格局中占据主要作用，仅研发资本投入正向作用于钽废料，钽贸易流动格局更倾向于研发人力资本投入。我国钽资源产业链发展应该更加注重人员投入，提高研发人员规模，改善研发人员待遇。

综合来看，各个经济因素中，工业水平对锂资源流动格局影响更为明显，但作用方向并不相同：对锂的氧化物及氢氧化物而言，工业水平促进了对该原材料的进口状况以及国家在进口网络中的重要性程度；对碳酸锂而言，工业水平抑制了对该工业制品的进口状况以及国家在进口网络中的重要性程度。此外，总人口抑制了锂的氧化物及氢氧化物流动格局状况，城市人口促进了碳酸锂流动格局状况。而人口相关指标对钽资源贸易流动格局影响更为重要：总人口使钽粗胚进口更加集中，城市人口增加了所在国钽废料的贸易流动格局变动，总人口和城市人口使含钽电容器进口更加集中于某几个国家。钽资源市场总体呈现萎缩状态。而在研发偏向上，锂资源贸易流动格局更多受研发资本投入影响，而钽资源贸易流动格局更多受研发人力投入影响。基于引力模型和双重固定效应对流动格局指标的估计，入度均是拟合系数最优的指标，说明引力模型更好地拟合了贸易进口来源方的数目变动情况。

对不同贸易品而言，其影响因素并不相同，因而国家在选择其自身发展贸易品时，应充分考虑自身禀赋条件（经济性因素、研发要素偏向），并根据自身发展的战略目标选择合适的稀有金属贸易导向目标。

第5章

技术进步对全球稀有金属
流动格局的影响分析

在新技术革命的推动下，锂离子技术在能量转换、功率密度、安全性、生产成本和循环寿命方面实现了大幅提升。且在生产的环保意识提升与传统能源供应风险增加的双重压力下，锂在新能源电池方面的应用成为锂的最重要用途之一，2019年在全球锂的最终用途市场中电池占其消费量的65%，锂离子电池也成为领先电动汽车制造商的首选。锂和钴是锂电池中重要的金属材料。从消费结构来看，目前，电池行业用量超过高温安全行业，成为钴的最大的消费终端行业。据《中国钴业》季刊的统计数据显示，2020年电池应用占全球钴应用的68.8%，电池行业在未来会随着全球移动电子产品、新一代的电动汽车的飞速发展，钴在电池上的应用在未来会进一步提高。[①] 电池需求的增长导致了锂和钴等原材料需求迅速增加，这极大地增加了锂和钴产品的供应风险（Sun et al.，2019）。对原材料短缺的担忧推动了电池行业的技术进步。最近电池技术的评估表明，未来几年内电池阴极材料中钴含量将继续减少，高价和稀缺的钴逐渐被价格更便宜的金属（如镍或锰）取代，甚至其他非金属（如空气或硫）替代（Gourley et al.，2020）。为了降低成本和减轻金属

---

① 资料来源于 https：//www.globalenergymetals.com/cobalt/cobalt – demand/。

资源短缺压力，电池里面的 NMC（锂镍钴锰氧化物）或 NCA（锂镍钴铝氧化物）逐渐取代了早期电池中的 LCO（钴酸锂）、LMO（锰酸锂）。阴极材料呈现出"高镍低钴"的发展趋势，旨在降低钴含量并增加锰或镍含量。锂离子电池的技术变化减少了对原材料钴和锂的需求，这必然会对全球锂钴流动网络造成一定的冲击，因此研究锂钴流动格局变化对全球锂钴流动网络的影响是有意义的。

5.1　全球稀有金属流动网络构建

考虑到全球锂流动和全球钴流动会相互影响，本书构建了全球稀有金属钴锂双层流动网络，在此基础上，将锂电池技术进步作为系统性贸易风险的来源，以模拟技术冲击是如何影响整个流动网络的，并定量分析其对整个流动网络造成的冲击。本研究选择我国锂电池技术进步作为风险来源，具体原因如下：我国生产的锂离子电池约占全球的 60%（Liu et al.，2021）。自 2007 年，我国一直是最大的精炼钴生产国和消费国（Harper et al.，2012；Van Den Brink et al.，2020）。其中，2016 年我国钴的消费量占全球消费量的一半左右（Chen et al.，2019）。同时，我国也是全球最重要的锂消费国之一（Lu et al.，2017）。为了减少对钴和锂资源的进口依赖，我国的锂电池技术向着钴和锂含量更低、镍和其他非金属元素含量更高的趋势发展，这意味着我国将减少电池里面钴和锂的消耗，这一变化将直接影响到我国钴和锂的贸易量，进而对整个钴锂流动网络造成冲击。

复杂网络是通过对复杂系统相互作用结构的简化和抽象，从而给出一种理解复杂系统性质和功能的研究途径（吴宗柠等，2021）。在网络科学中，多层网络是研究前沿和热点，它突破了单层网络中节点和连边同质性的限制，考虑了多种类型节点及其连边关系（包括层内连边和层间连边）（Kivel M. et al. , 2014；Battiston F. et al. , 2014）。多层网络不仅相邻网络层之间有连边，跨层之间也可以存在贸易关系，即存在连边，如图 5 - 1 所示。

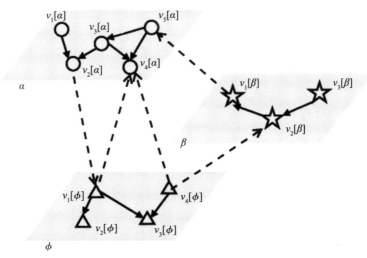

图 5 - 1　多层网络构建

对于一个含有 M 层的多层网络（multilayer networks），可以用超邻接矩阵 $G = (A, O)$ 来表示。其中 $A = \{A^1, A^2, \cdots, A^M\}$ 表示多层网络中的层的邻接矩阵集合，上标表示所属的网络层，$A^\alpha = (V^\alpha, E^\alpha)$ 表示 a 层的邻接矩阵，V^α 表示 a 层的节点集合，E^α 表示 a 层的层内连边集合。A_{ij}^a 是 A^α 中第 i 行第 j 列元素，其定义为：

$$A_{ij}^a = \begin{cases} 1, & a \text{ 层节点 } i, j \text{ 之间有边} \\ 0, & a \text{ 层节点 } i, j \text{ 之间无边} \end{cases}$$

$O = \{O^{1,2}, O^{1,3}, \cdots, O^{\alpha,\beta} \mid \alpha \neq \beta\}$ 表示层间网络邻接矩阵的集合。$O^{\alpha,\beta} = (V^\alpha, V^\beta, E^{\alpha,\beta})$，其元素 $O^{\alpha,\beta}$ 代表是否存在 α 层节点 i 到 β 层节点 j 的连边。V^α 和 V^β 分别表示 α 层和 β 层的节点集合，$E^{\alpha,\beta} = \{(v_i^\alpha, v_j^\beta) \mid i,$

$j \in \{1, 2, \cdots\}$；$\alpha, \beta \in \{1, 2, \cdots, M\}\}$ 表示 α 层和 β 层的层间连边集合。故多层网络的定义具体为 $G = (A, O) = \{A^1, A^2, \cdots, A^M; O^{1,2}, O^{1,3}, \cdots, O^{\alpha,\beta}\}$ $(\alpha, \beta \in \{1, 2, \cdots, M\})$，用超邻接矩阵表示为：

$$G = \begin{pmatrix} A^1 & O^{1,2} & \cdots & O^{1,M} \\ O^{2,1} & A^2 & \cdots & O^{2,M} \\ \vdots & \vdots & \ddots & \vdots \\ O^{M,1} & O^{M,2} & \cdots & A^M \end{pmatrix}$$

基于多层网络理论，结合国家与地区层面的稀有金属资源的产业链特征，构建钴—锂双层流动网络。以参与贸易的国家为节点，以国家之间实际贸易关系为边，以国家之间的贸易量（kg）为权重，分别构建了钴和锂的加权有向双层流动网络。全球钴流动网络构建为 $G_d^{[t, T_1]} = (V_d^{[t, T_1]}, E_d^{[t, T_1]}, W_d^{[t, T_1]})$，$t$ 表示 2010 ~ 2019 年的特定年份，T_1 指钴流动网络层，$V_d^{[t, T_1]}$ 指网络中节点的集合（即国家/地区的集合），$V_d^{[t, T_1]} = \{V_1, V_2, \cdots, V_N^{[t, T_1]}\}$，$N_d^{[t, T_1]}$ 是指在第 t 年参与钴贸易的国家总数。$E_d^{[t, T_1]} = \{e_{ij,d}^{[t, T_1]} : i, j \in V_d^{[t, T_1]}\}$ 是钴贸易层的贸易关系集合，$e_{ij,d}^{[t, T_1]}$ 表示在第 t 年，国家 i 将钴产品出口到国家 j。贸易量的矩阵用 $W_d^{[t, T_1]} = \{w_{ij,d}^{[t, T_1]}\}$ 表示，$w_{ij,d}^{[t, T_1]}$ 在第 t 年国家 i 出口到国家 j 钴产品贸易量。同理，全球锂的流动网络构建 $G_d^{[t, T_2]} = (V_d^{[t, T_2]}, E_d^{[t, T_2]}, W_d^{[t, T_2]})$，$T_2$ 表示锂贸易层，$w_{ij,d}^{[t, T_2]}$ 指在第 t 年国家 i 出口到国家 j 锂贸易量。

基于单层钴流动网络和单层锂流动网络，分别构建了钴锂加权有向流动网络和加权无向流动网络，构建的钴锂加权有向网络为 $G_d^{[t, M]} = (V_d^{[t, M]}, E_d^{[t, M]}, W_d^{[t, M]})$，其中 $V_d^{[t, M]} = \{V_d^{[t, T_1]}, V_d^{[t, T_2]}\}$，$E_d^{[t, M]} = \{E_d^{[t, T_1]}, E_d^{[t, T_2]}\}$，$W_d^{[t, M]} = \{W_d^{[t, T_1]}, W_d^{[t, T_2]}\}$，构建的钴锂加权无向流动网络为 $G_u^{[t, M]} = (V_u^{[t, M]}, E_u^{[t, M]}, W_u^{[t, M]})$，其中 $V_u^{[t, M]} = \{V_u^{[t, T_1]}, V_u^{[t, T_2]}\}$，$E_u^{[t, M]} = \{E_u^{[t, T_1]}, E_u^{[t, T_2]}\}$，$W_u^{[t, M]} = \{W_u^{[t, T_1]}, W_u^{[t, T_2]}\}$。图 5 - 2 是全球钴锂双层流

动网络的示意图。有些国家仅存在钴贸易层或者锂贸易层，为了便于分析，在相对应的贸易层中添加这些节点。

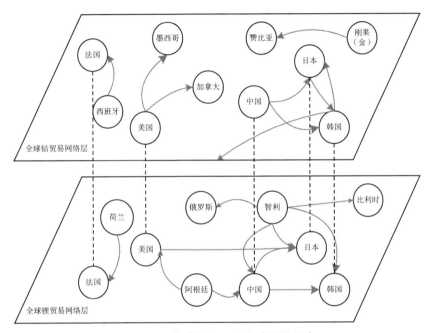

图 5 - 2　全球钴锂双层流动网络示意

注：第一层表示全球钴流动网络，第二层表示全球锂流动网络。这两层分别选取了 2019 年钴和锂的贸易流向排名前十的国家。线的宽度在某种程度上表示了贸易量的大小，两个网络层中共有的节点用虚线连接。

5.1.1　双层流动网络的指标构建

5.1.1.1　平均路径长度

网络的平均路径长度可以用来描述贸易传输性能和传输效率，节点 i 和节点 j 的最短路径定义为（Watts and Strogatz，1998）：

$$L = \frac{\sum_{i,j \in V_d^{[t,m]}, i \neq j} d_{ij}^{[t,m]}}{N_d^{[t,m]} \times (N_d^{[t,m]} - 1)} \qquad (5-1)$$

其中，$d_{ij}^{[t,m]}$是指节点 i 和节点 j 之间的最短路径长度。

5.1.1.2　平均聚类系数

网络的聚类系数是用来度量复杂网络集团化程度的指标，聚类系数越大，说明网络的集团化程度越高，节点之间的贸易关系越紧密。网络的平均聚类系数定义为（Watts and Strogatz，1998）：

$$AC = \frac{\sum\limits_{i,\in V_d^{[t,m]},i\neq j} c_i^{[t,m]}}{N_d^{[t,m]}} \qquad (5-2)$$

其中，$c_i^{[t,m]}$ 指节点 i 的聚类系数。

5.1.1.3　社区结构

由于节点之间的权重分布不均，流动网络中的节点会形成不同的社区。处于一个社区内的节点之间的联系比不同社区内节点之间的联系更紧密（Fortunato，2010）。模块化是复杂网络社区划分的重要指标，其主要是用来评价社区内部的连接情况。模块化的值越大，说明社区划分的效果越好。基于文献（Blondel et al.，2008）定义模块化的计算公式如下：

$$Q = \frac{1}{2W}\sum\limits_{i,j\in V_d^{[t,m]},i\neq j}\left[W_{ij,d}^{[t,m]} - \frac{S_i^{[t,m]} \times S_j^{[t,m]}}{2W}S_i^{[t,m]}\right]\times\delta(\sigma_i,\sigma_j) \qquad (5-3)$$

其中，$W = \frac{1}{2}\sum\limits_{i,j\in V_d^{[t,m]},i\neq j} W_{ij,d}^{[t,m]}$ 指 m 层网络中所有边权重之和，σ_i 是节点 i 分配的社区，如果满足 $\sigma_i = \sigma_j$，$\delta(\sigma_i,\sigma_j)=1$，否则 $\delta(\sigma_i,\sigma_j)=0$。

随着钴锂双层流动网络的动态演变，每个社区里的成员或许会发生变动，例如一些成员脱离原社区，并加入其他的社区。因此，我们可以用变化前后两个社区包含的共有成员评估网络社区的稳定性，定义如下（Wang et al.，2020）：

$$ms_{ij}^{[t_1,t_2,m]} = \frac{y_i^{[t_1,m]} \cap y_j^{[t_2,m]}}{y_i^{[t_1,m]} \cup y_j^{[t_2,m]}} \tag{5-4}$$

其中，t_1，$t_2 \in [2010, 2019]$。从时间 t_1 到时间 t_2，发生了从社区 i 到社区 j 的变化，$y_i^{[t_1,m]}$ 和 $y_j^{[t_2,m]}$ 分别表示社区 i 和社区 j 的节点集合。

5.1.1.4　拓扑相关性

多层网络并不是单层网络的简单叠加，多层网络可以提供更多单层网络没有的信息。为了分析钴锂双层网络中钴贸易和锂贸易的拓扑相关关系，把网络的节点和边作为重要的切入点。

（1）节点/边的重叠率：在钴锂双层流动网络中，层与层之间相关性可以用节点/边的重叠率衡量，即钴贸易层和锂贸易层重叠的节点/边所占比例。重叠率越大，说明两个单层网络的相关性越强。这可以解释为，参加钴贸易的国家也倾向于参加锂贸易。具体定义如下（Hu et al.，2020）：

$$no^{[t]} = \frac{V_d^{[t,T_1]} \cap V_d^{[t,T_2]}}{V_d^{[t,T_1]} \cup V_d^{[t,T_2]}} \tag{5-5}$$

$$eo^{[t]} = \frac{E_d^{[t,T_1]} \cap E_d^{[t,T_2]}}{E_d^{[t,T_1]} \cup E_d^{[t,T_2]}} \tag{5-6}$$

其中，$V_d^{[t,m]}$ 和 $E_d^{[t,m]}$ 分别是加权有向网络 $G_d^{[t,m]}$ 的节点集合和边集合。

（2）标准度和标准强度：为了更全面地分析钴贸易和锂贸易的相关关系，我们需要考虑两个单层网络中的节点度和节点强度之间的关系。为此，我们提出了一个基于节点 i 的新指标：标准度/强度，该指标的含义是在钴网络中节点确定的情况下，相对应锂网络中节点的相对值。基于节点度的标准度 i 定义为：

$$nr(K_i^{[t,T_1]}) = \frac{r(K_i^{[t,T_1]})}{\max(K_i^{[t,T_1]})} \tag{5-7}$$

$$f(nr(K_i^{[t,T_1]}), t) = \frac{r(K_i^{[t,T_2]})}{\max(K_i^{[t,T_2]})} \qquad (5-8)$$

其中，在加权无向网络 $G_u^{[t,T_1]}$，$\max(K_i^{[t,T_1]})$ 表示 $G_u^{[t,T_1]}$ 钴贸易层节点度的最大值。$r(K_i^{[t,T_1]})$ 是指按节点度从大到小进行排序。$nr(K_i^{[t,T_1]})$ 是指将节点度进行标准化处理，标准化处理的方法是节点度除以钴流动网络中节点度的最大值，从而得到标准节点度。$f(nr(K_i^{[t,T_1]}), t)$ 是指钴贸易层的节点 i，在对应的锂贸易层中标准节点度的值。

同理，基于节点强度的标准强度 i 可以定义为：

$$nr(S_i^{[t,T_1]}) = \frac{r(S_i^{[t,T_1]})}{\max(S_i^{[t,T_1]})} \qquad (5-9)$$

$$f(nr(S_i^{[t,T_1]}), T) = \frac{r(S_i^{[t,T_2]})}{\max(S_i^{[t,T_2]})} \qquad (5-10)$$

5.1.2 双层网络冲击模型构建

基于多层网络冲击模型，定量分析了我国锂电池技术进步对钴锂双层流动网络造成的影响。我国是一个钴资源匮乏的国家，作为全球最大的钴消费国之一，需要严重依赖进口来满足国内的需求。一直以来，钴的高价格和供应短缺是我国电动汽车大规模生产的最大瓶颈。为了控制成本和减轻钴资源短缺的压力，锂电池中的混合金属材料逐渐取代了早期的钴材料，呈现了"高镍低钴"的发展趋势（Helbig et al.，2018；Song et al.，2019）。一方面，锂电池低钴的发展趋势将会使我国对钴的需求量减少，我国在全球钴贸易中的进口量减少；另一方面，锂电池技术的创新，也会使我国对锂的需求发生改变。

根据 IEA（International Energy Agency）预测，2030 年锂电池阴极材料估计是 NMC811、NMC622、NCA 和 LFP（磷酸铁锂）（IEA，2018）。

其中 LFP 电池是非分层阴极，在我国主要用于电动客车和电网应用。但未来 LFP 电池有望被分层阴极替代，以满足更高的能量密度要求（Olivetti et al.，2017），故不在研究范围之内。假设 2030 年锂电池的型号主要是 NMC622、NMC811 和 NCA，目前，NMC111 和 NMC622 在锂电池市场中占据主要份额（Song et al.，2019）。随着锂电池技术不断创新，高镍低钴的 NMC811 市场份额不断扩大。为了便于预测锂电池阴极材料变化所带来的影响，我们将 2030 年的锂电池市场份额简单地估计为 90% 是 NMC（包括 NMC622 和 NMC811），10% 是 NCA。当我国锂电池技术没有变化时，假设 NMC622 占 NMC 的市场份额是 100%；若我国锂电池技术有了极大的创新时，即假设 NMC811 占 NMC 的市场份额是 100%。基于此，进行以下分析。

5.1.2.1　锂电池技术进步对全球钴流动网络的影响

为了全面探讨锂电池技术进步是如何影响全球钴流动网络的，设置两种模拟情景，即贸易权重偏好情景和贸易国家偏好情景。在贸易权重偏好的情况下，假设我国钴进口的减少量与我国和钴出口国之间的贸易权重成正比。对于我国来说，贸易伙伴 j 出口减少量计算如下：

$$r_j^{[T_1]}(i, \gamma) = \frac{w_{ji}^{[t, T_1]}}{\sum_{(j,i) \in E_d^{[t, T_1]}, i \neq j} w_{ji}^{[t, T_1]}} \Delta gs_i \qquad (5-11)$$

其中，Δgs_i 是指我国钴的进口减少总量。t 设置为 2019 年，以估计未来影响。γ 表示受到冲击的程度，具体来说是 NMC811 电池所占 NMC 电池的市场份额。γ 在［0，100%］范围内，并以 5% 的增量进行模拟。

在贸易国偏好的情景下，当我国减少钴进口量时，我国优先保持最主要的贸易关系，即优先与贸易出口量大的国家保持贸易联系。这样，在贸易国偏好的情景下，冲击最容易破坏与我国钴贸易量最小的钴出口国之间的贸易关系。具体来说：第一，向我国出口钴的贸易国

按照 $w_{ji}^{[t,T_1]}$ 升序排列。第二，冲击破坏了与我国贸易量最低的国家之间的贸易关系，此时钴的贸易量是 $w_{ji}^{[t,T_1]}$。重复该过程，直到贸易量累计达到 Δs_i。

5.1.2.2 锂电池技术进步对全球锂流动网络的影响。

我国锂电池技术进步的冲击将导致我国对锂的需求减少。假设我国锂进口减少量与我国和锂出口国之间的贸易权重成正比，其计算公式为：

$$r_j^{[T_2]}(i,\gamma) = \frac{w_{ji}^{[t,T_2]}}{\sum\limits_{(j,i)\in E_d^{[t,T_2]},i\neq j} w_{ji}^{[t,T_2]}}\Delta ls_i \qquad (5-12)$$

其中，Δls_i 指我国锂的进口减少总量。

5.1.2.3 对钴锂双层流动网络的相对影响

为评价锂电池技术冲击对每个国家的影响，引入绝对值和相对值两个指标。进出口量变化表明技术冲击对贸易伙伴国的绝对影响，定义为 $r_j^{[m]}(i,\gamma)$，$m\in[T_1,T_2]$，相对影响定义为国家 j 出口减少量占总出口的比例，计算公式为：

$$e_j^{[m]}(i,\gamma) = \frac{r_j^{[m]}(i,\gamma)}{\sum\limits_{(j,k)\in E_d^{[t,T_2]},i\neq j} w_{jk}^{[t,m]}} \qquad (5-13)$$

在全球钴锂双层流动网络中，为了评估锂电池技术冲击对 m 层贸易网络的相对影响，若出口国的受影响程度超过 $e^{[m]}$，我们称之为受到影响的国家。那么锂电池技术冲击对整个网络的影响可以定义为：

$$p(e^{[m]}) = \frac{n(e^{[m]})}{k_i^{[t,m]}(in)} \qquad (5-14)$$

其中，$k_i^{[t,m]}(in)$ 指节点 i 的入度，$n(e^{[m]})$ 指受我国影响程度超过 $e^{[m]}$ 的国家及地区的数量。

5.1.3 数据说明

相关国家或地区之间钴产品和锂产品的进出口贸易数据可从联合国商品贸易统计数据库（UN Comtrade，https：//comtrade. un. org/）中获得。分析两种锂贸易产品——锂的氧化物及氢氧化物（HS：282520）和碳酸锂（HS：283691），这两种是锂电池正极材料中最常用到的锂产品（Weimer et al.，2019）。分析两种钴贸易产品——钴的氧化物及氢氧化物（HS：282200）和钴酸锂（HS：284190），这两种是制成锂镍钴锰化合物的重要原材料。值得注意的是，当贸易国家代码不能代表特定国家时，以及当进口方和出口方代表同一国家时，将删除这些数据。

5.2 全球稀有金属流动格局演变分析

5.2.1 流动网络结构特征分析

分析从 2010 ~ 2019 年钴锂双层流动网络的结构演变特征。如图 5 - 3（a）所示，2010 ~2017 年间全球钴锂双层流动网络参与的国家数量基本保持稳定，2017 年之后参与贸易的国家呈现小幅度的下降趋势。为了进一步分析网络的演变特征，我们比较了钴和锂的贸易关系数量。

图 5 - 3（b）表明钴网络层的贸易关系数量远大于锂网络层的贸易关系，这充分说明钴贸易的全球化程度要高于锂贸易的全球化程度。图 5 - 3（c）描绘了钴锂双层流动网络密度的变化，钴贸易和锂贸易的网络密度一直在缓慢增加，但在 2017 年之后，两者的网络密度均急剧增

加，并在 2019 年达到最高水平。这主要是由于全球对新能源汽车的需求迅速增加，此外，国家之间的贸易关系越来越紧密。

图 5 - 3（d）表明钴和锂贸易量的变化。全球锂的贸易量在不断平稳增加，而钴贸易量的总体趋势是上升的，但是波动很大。因为锂电池是电动汽车的主要动力来源，随着电动汽车的快速发展，作为锂离子电池的关键原材料，可以预见锂和钴的需求将增加。然而，钴矿的生产地和精炼地都高度集中，存在极大的供应风险，所以钴贸易量极其不稳定。

图 5 - 3（e）表明钴贸易的平均路径长度不断变小，说明随着经济全球化的发展，完成钴贸易所经过的平均距离越来越短，即钴贸易的传输效率越来越高。但是锂贸易的平均路径长度在 2012 年之后呈上升趋势，并在 2014 年达到最高值，之后逐渐下降。由于希腊债务危机的蔓延和反复，2012 年的碳酸锂和氢氧化锂的国际贸易市场受到了很大影响，从此锂贸易市场处于低迷状态。2014 年之后，锂贸易市场逐渐恢复繁荣景象。

平均聚类系数的变化趋势如图 5 - 3（f）所示，表明钴贸易和锂贸易的平均聚类系数出现规律性波动，但整体趋势向上，证明钴贸易和锂贸易的网络连通性虽然受经济形势等因素影响有小幅度下降，但整体趋向紧密。

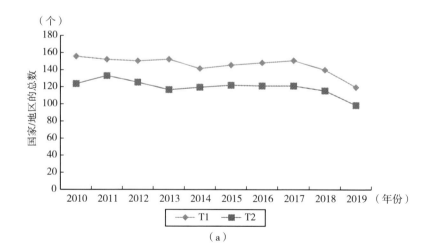

（a）

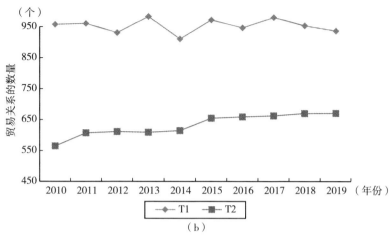

（b）

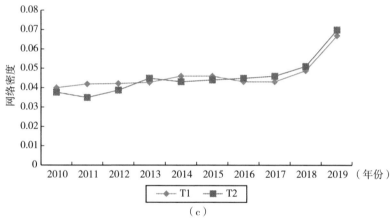

（c）

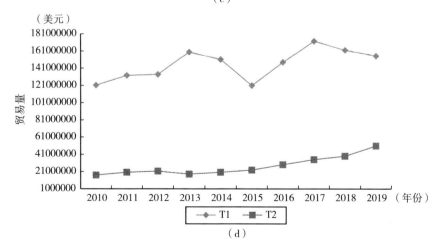

（d）

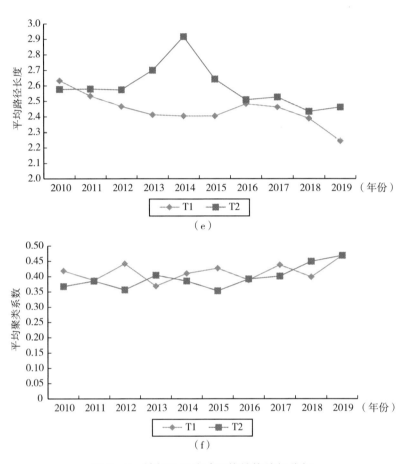

图 5 - 3 钴锂双层流动网络结构特征分析

注：通过公式及计算得出。

资料来源：UN Comtrade.

5.2.2 主要贸易国的地位分析

5.2.2.1 贸易国的角色演变

全球钴流动网络：在全球钴锂双层流动网络中，强度表示某节点贸易量的总和。节点的入度越大，表明该国家或地区的进口量越大。如表 5 - 1

和图 5 - 4（a）所示，钴贸易的进口大国主要分布在亚洲的日本、中国和韩国，北美洲的墨西哥和欧洲的法国。2010～2018 年，中国、日本和韩国的钴进口量不断增加，因为这三个国家是全球锂电池的生产大国。中国从 2010 年的 2387.3 吨增加到 2018 年的 13384.5 吨、日本从 2010 年的 8519.0 吨增加到 2018 年的 25469.6 吨。墨西哥一直就是含钴电池、含钴磁铁贸易和钴废弃物等钴商品的主要进口方，但是在联合国商品贸易数据库中没有墨西哥在 2014 年、2015 年和 2017 年进口的数据，所以表现出如此大的波动。

表 5 - 1　　　　　　　　2010～2019 年钴入度排名前 6 的国家

排名	2010 年	2011 年	2012 年	2013 年	2014 年	2015 年	2016 年	2017 年	2018 年	2019 年
1	墨西哥	墨西哥	韩国	赞比亚	韩国	韩国	墨西哥	澳大利亚	墨西哥	韩国
2	赞比亚	赞比亚	墨西哥	韩国	马来西亚	日本	韩国	韩国	日本	日本
3	法国	韩国	法国	墨西哥	加拿大	法国	法国	日本	韩国	墨西哥
4	德国	法国	日本	美国	日本	加拿大	日本	法国	加拿大	法国
5	韩国	日本	赞比亚	日本	荷兰	美国	英国	中国	中国	中国
6	日本	德国	美国	法国	法国	土耳其	中国	德国	德国	加拿大

注：通过公式及计算得出排名。

资料来源：UN Comtrade.

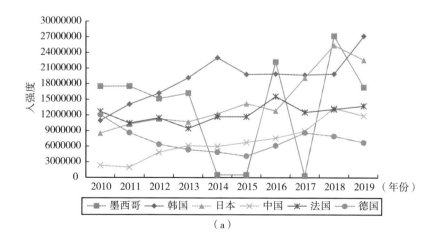

（a）

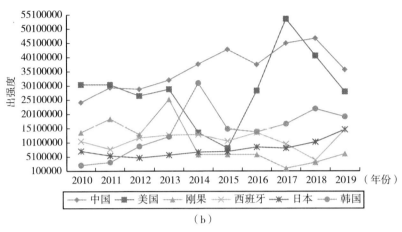

（b）

图 5 - 4　钴贸易国的角色演变

注：通过公式及计算得出。

资料来源：UN Comtrade.

表 5 - 2 和图 5 - 4（b）描绘了钴贸易的主要出口大国，包括分布在亚洲的中国、日本和韩国，欧洲的西班牙和比利时，非洲的刚果共和国和北美洲的美国。钴贸易排名前 6 的出口方的累积出度达到了 70% 以上，说明这 6 个国家钴出口能力很强，控制了氧化钴和钴酸锂 70% 以上的资源，在钴贸易中扮演着非常重要的角色。在过去 10 年里，中国和美国一直具有绝对优势，美国、刚果共和国和韩国的波动幅度较大。在 2014 年之前，美国的出口量基本保持稳定，但在 2014 年急剧下降，并在 2015 年达到了最低点。全球精炼钴的产量一直高于消费量，导致市场过剩和价格下跌。随着钴矿新项目的生产和现有业务的扩展，该趋势将在短期内持续下去。之后美国的钴出口量急剧上升，并在 2017 年达到最高水平，之后又开始下降。这是因为在 2017 年，由于消费者的强劲需求，现货市场上钴的供应有限以及投资者购买量的增加，钴的年均价格翻了一番以上，故这段时间美国的出口急剧增加。刚果共和国是钴矿石的出口大国，拥有全球 80% 以上的资源，

同时也是氧化钴和钴酸锂的重要出口方，但是刚果共和国的政治局势一直不稳定，劳资纠纷也时常爆发，这种外界环境会对钴的国际贸易产生直接影响。2010～2014 年，韩国的钴出口量一直呈上升趋势，并在 2014 年达到顶峰，随后急剧下降，其下降的原因和美国相同。在 2015 年之后保持小幅度的波动。相对来说，比利时和西班牙基本保持稳定的出口量，而日本呈现小幅度持续缓慢上升的状态，出口强国的地位不断得到巩固。

表 5－2　　　　　　　　　　　2010～2019 年钴出度排名前 6 的国家

排名	2010 年	2011 年	2012 年	2013 年	2014 年	2015 年	2016 年	2017 年	2018 年	2019 年
1	美国	美国	中国	中国	中国	中国	中国	美国	中国	中国
2	中国	中国	美国	美国	韩国	韩国	美国	中国	美国	美国
3	刚果共和国	刚果共和国	比利时	刚果共和国	比利时	西班牙	韩国	韩国	韩国	韩国
4	西班牙	比利时	刚果共和国	比利时	美国	比利时	西班牙	西班牙	日本	西班牙
5	比利时	西班牙	西班牙	西班牙	西班牙	美国	比利时	日本	比利时	日本
6	日本	德国	韩国	韩国	日本	日本	日本	比利时	澳大利亚	比利时

注：通过公式及计算得出排名。

资料来源：UN Comtrade.

全球锂流动网络：如图 5－5（a），日本、韩国、美国、中国和比利时是锂的进口大国。电动汽车的蓬勃发展和新兴产业技术的创新使各国及地区对锂的需求增加，其中日本和韩国尤为明显。图 5－5（b）显示了锂的主要出口大国有智利、中国、阿根廷和美国等。智利是全球最大的碳酸锂生产国，其出口贸易量始终占全世界总量的一半以上。美国和阿根廷的出度保持稳定，并有上升的趋势。近10年，我国锂的出口量不断增加，尤其是2016年之后，这一趋势更为明显，这是我国电动汽车市场需求增加引起的。

5.2.2.2　贸易国影响力的变化

入度、出度、度、紧密中心性、特征向量中心性、中介中心度是用来衡量贸易国影响力的指标。入度和出度表示该国家或地区直接进行交易的进、出口贸易伙伴数量，值越大说明该国家或地区在网络中的影响力越大。紧密中心性可以用来评价节点与其他节点地理位置的接近程度，值越大说明该节点离其他节点的总距离越短。一个国家或地区的重要性不仅由该国家或地区在流动网络的重要地位决定，还取决于其贸易伙伴的重要地位。具体来说，如果一个国家或地区的贸易伙伴是进出口大国，那么该国家或地区也处于很重要的地位，我们一般用特征向量中心性指标来评估贸易国的这种特性。中介中心度是指节点作为中介控制贸易资源的能力。

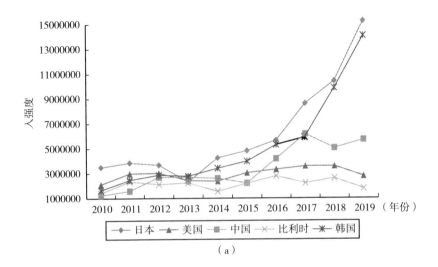

（a）

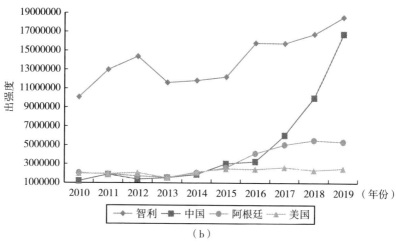

（b）

图5-5 锂贸易国的角色演变

注：通过公式及计算得出。

资料来源：UN Comtrade.

全球钴流动网络：在钴流动网络中，如图5-6（a）、图5-6（b）和图5-6（c）所示。从2010~2019年，大多数国家或地区的入度、出度和度略有波动，但保持相对稳定。在过去10年的时间里，全球钴流动网络中介中心度排名靠前国家的变化如图5-6（d）所示，德国的中介中心度排名几乎都是第一名，说明德国的资源控制能力很强。由于欧债危机的影响，我国在2010~2012年资源中转国的地位略有下降。另外，南非和美国的钴资源控制能力也有下降的趋势。就紧密中心性和特征向量中心性来说，在保持稳定发展的同时略有上升，如图5-6（e）和图5-6（f）所示。

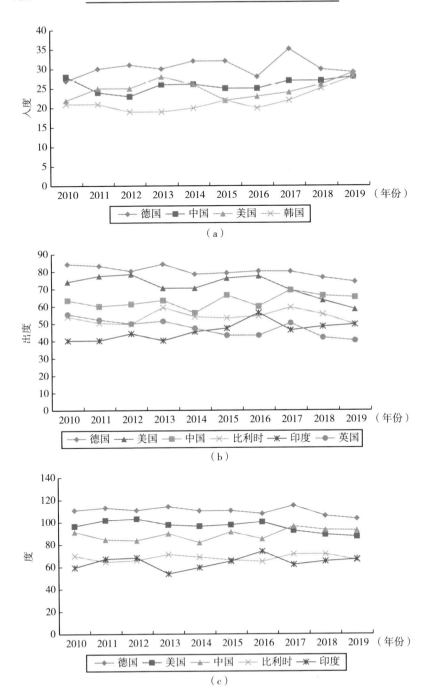

（a）

（b）

（c）

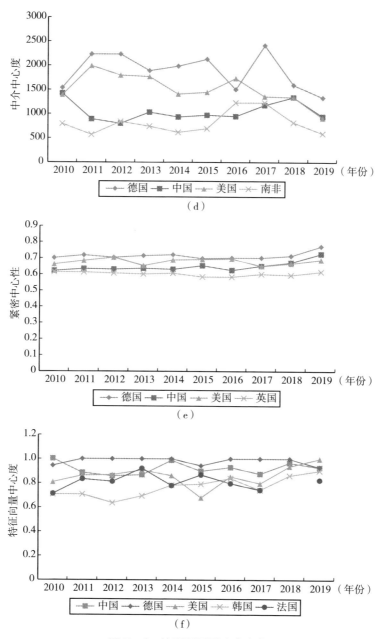

图 5-6　钴贸易国影响力变化

注：通过公式及计算得出。

资料来源：UN Comtrade.

全球锂流动网络：在全球锂流动网络中，图 5 - 7 （a） 表明大多数国家或地区的入度略有波动，但整体保持相对稳定的发展趋势，但荷兰是个例外。2015 年荷兰的入度大幅增加，从 2014 年的 8 增加到 2015 年的 51。尽管在接下来的几年呈下降趋势，但与其他国家或地区相比，荷兰仍然是进口贸易伙伴最多的国家。入度这一指标的变化情况说明荷兰国内市场对锂的需求增加并加速了荷兰钴贸易的扩张。发生这一变化的重要原因是欧洲禁止销售以燃料为动力汽车的政策促进了新能源电动汽车的发展。

图 5 - 7 （b）、图 5 - 7 （c） 和图 5 - 7 （d） 说明大部分国家或地区出口贸易伙伴的数量和紧密中心性没有发生很大的变化。如图 5 - 7 （e） 和图 5 - 7 （f），在全球锂流动网络中，美国具有较高的中介中心度，但特征向量中心性表现不突出。该结果表明美国适合作为其他国家建立贸易的桥梁，具有很强的资源控制能力，但与美国进行贸易的国家或地区在网络中并不具有很重要的位置。与美国完全不同，法国仅在特征向量中心性方面表现优异，这显示与法国进行贸易的国家或地区在网络中扮演很重要的角色，但是其不适合作为贸易的中介国家。此外，中国、德国和印度在流动网络资源控制方面有非常重要的地位。与荷兰、印度、加拿大和西班牙进行贸易的国家或地区在网络中处于重要的地位。其中，就特征向量中心性而言，荷兰发展最快。2014 年之后，随着新能源电动汽车的发展，荷兰拥有最多的贸易伙伴，且其合作伙伴在网络中占据重要的地位。

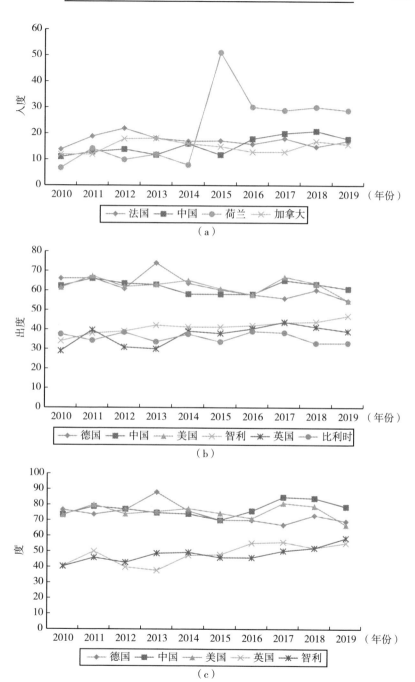

（a）

（b）

（c）

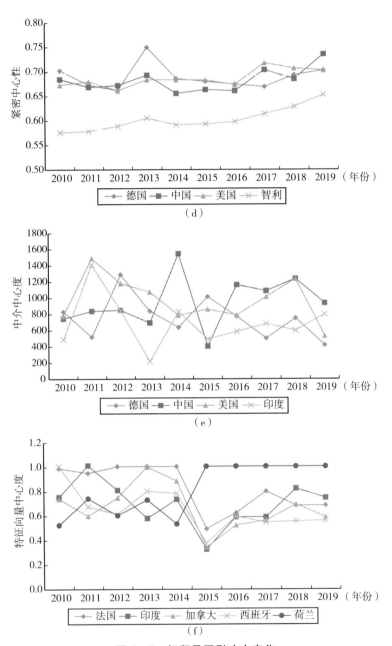

图 5 - 7　锂贸易国影响力变化

注：通过公式及计算得出。

资料来源：UN Comtrade.

5.2.3 全球钴贸易与锂贸易之间的关系

5.2.3.1 节点/边的重合率

图 5－8（a）表示钴贸易和锂贸易中共有节点的重合率，该指标可以用来评价钴贸易层和锂贸易层之间的相关性。在过去的 10 年中，两个贸易层重叠的国家数量呈现基本稳定的趋势。总的来说，两个贸易层节点的重合率在 0.6 以上，说明多数参与钴贸易的国家或地区也在积极参与锂贸易。

在全球钴锂双层流动网络中，图 5－8（b）描述了在 2010～2019 年钴流动网络和锂流动网络之间重叠贸易关系数量的变化。钴贸易层和锂贸易层之间的贸易关系重叠比率基本保持稳定并伴随小幅度的上升。但总体来说，两层之间的重叠贸易关系比率较低，这是因为钴网络和锂网络的贸易关系数量存在较大的差距。

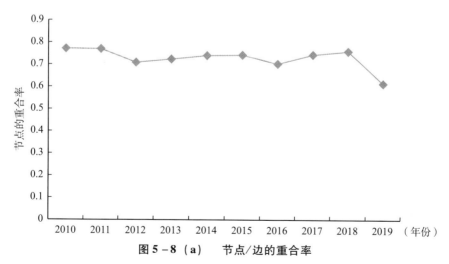

图 5－8（a） 节点/边的重合率

注：通过公式及计算得出。

资料来源：UN Comtrade.

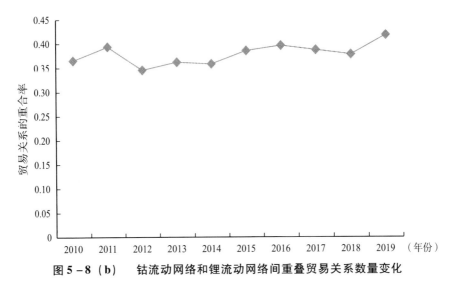

图 5－8（b）　钴流动网络和锂流动网络间重叠贸易关系数量变化

注：通过公式及计算得出。

资料来源：UN Comtrade.

5.2.3.2　度与强度的相关性

为了方便地分析锂贸易层与钴贸易层之间度和强度的相关性，使用 Pearson 相关系数来量化钴贸易和锂贸易之间的入度、出度、度、入强度、出强度和强度的关联关系。

如图 5－9 所示，在 2010～2019 年间，钴贸易和锂贸易之间的入度、出度和度的相关性均超过 0.75，出度和强度的相关性也在逐年上升。然而，入度的波动比较大。2013～2015 年，钴和锂的入度相关性增加，这或许是电动汽车的锂电池需求增加引起的，因为在锂电池中，钴和锂是互补关系。2015～2017 年，全球对钴的需求激增，再加上现货市场上对钴的供应有限，钴的年均价格翻了一番以上，各国及地区对钴的进口量有所减少，但对锂的进口仍然在增加，这一结果可以从图 5－5（d）得出，因而这两年中钴贸易和锂贸易的相关性有所下降。2017 年之后，钴贸易和锂贸易的相关性不断增加。总之，我们得出钴贸易和锂贸易之间的度和强度具有高度的相关性，这也意味着钴贸易层和锂贸易层之间的关系越来越密切。

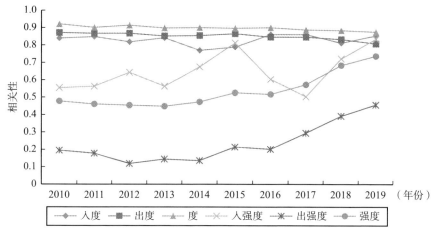

图 5 - 9　度与强度的相关性

注：通过公式及计算得出。

资料来源：UN Comtrade.

此外，为了进一步探究两层之间节点度和节点强度的相关性，我们提出了标准度和标准强度两个新的指标，图 5 - 10（a）描述了在全球钴流动网络按节点度降序排列的情况下，全球锂流动网络中相应节点的标准节点度变化。很明显可以看出，当一个国家或地区在钴流动网络中有更多的贸易伙伴时，它倾向于在锂流动网络中建立更多的贸易关系。但是，在图 5 - 10（a）中我们可以看到每年总有一个特别的反常值。具体来说，在这个节点处，钴贸易的标准节点度比较小，但在锂贸易的标准节点度比较大，该节点就是智利。这是因为智利是全球最大的碳酸锂出口方，具有很多的贸易伙伴，但其在钴贸易中的交易量比较小。

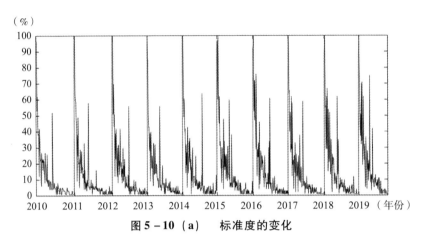

图 5 - 10（a）　　标准度的变化

注：在全球钴锂双层流动网络中，将钴流动网络中的节点度按降序排列，然后进行标准化处理（标准化处理的方法是将节点度除以钴贸易中节点度的最大值）；假设节点存在于钴流动网络中，图 5 - 10（a）的纵坐标表示锂流动网络中对应标准度的变化，横坐标表示时间的变化。

资料来源：UN Comtrade.

　　虽然智利是全球碳酸锂的最大生产国，但其在钴流动网络中的交易量比较小。为了便于观察主要的变化趋势，本书在处理数据的过程中去掉了智利这个节点，但不影响最终的结果。从图 5 - 10（b）中我们可以看出一个国家或地区钴的贸易量比较大时，锂的贸易量也较大。但存在一些反常值，可以解释为这些反常值代表的节点是钴的主要生产国，却不是锂的主要生产国，因此会出现这样的情况：当锂的节点强度比较小时，钴的贸易强度很大。比如刚果共和国、墨西哥、西班牙、赞比亚等国家是钴贸易的重要参与国，但是在锂贸易中没有那么重要。2019 年出现的反常值更多了，这是因为随着新兴技术和清洁能源的发展，全球对钴的消耗量越来越大，为了缓解资源短缺的压力，越来越多资源禀赋优越的国家或地区加大了本国/地区对钴的开采量。

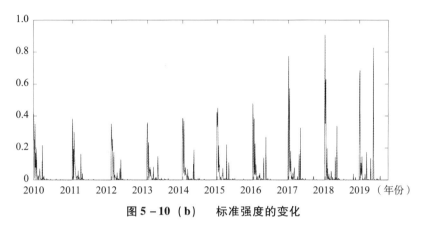

图 5 - 10（b）　标准强度的变化

注：与标准度的处理方法类似，图 5 - 10（b）的纵坐标表示锂流动网络中对应标准强度的变化，横坐标表示时间的变化。

资料来源：UN Comtrade.

5.3　我国锂电池技术进步对全球稀有金属流动格局的影响

　　近些年来，我国持续推动新能源、绿色环保等产业的发展，加快了电动汽车的发展。2015 年，我国已成为全球最大的电动汽车市场，电动汽车的销量高达近 38 万辆。2018 年，我国新能源汽车累计产销分别达127.05 万辆和 125.62 万辆，同比增长 59.92% 和 61.74%。[①] 根据《全球电动汽车展望 2018》（*Global EV Outlook* 2018），国际能源署《世界能源展望》提出的新政策情景（NPS）下，到 2030 年，电动汽车市场将由我国和欧洲主导，我国的电动汽车市场份额达到将近 40%，欧洲占比35%（IEA，2018）。

---

① 该数据来源于工信部，https：//wap. miit. gov. cn/gxsj/tjfx/zbgy/gc/art/2020/art_be53ee54d0a24298b5d7f09054945e8d. html.

电动汽车的普及和发展刺激了锂电池在我国的快速发展。目前，我国生产的锂电池约占全球的 60%（Liu et al.，2021）。这说明锂电池对钴和锂的需求预计持续到 2030 年以后。钴的高价格和高供应风险使锂电池在电极材料技术上不断进行创新。锂离子电池"高镍低钴"甚至超锂离子技术的技术发展趋势，意味着电池对钴或锂的需求减少。但是电池技术的发展能否跟上钴或锂需求的增长，又会对钴或锂流动网络产生什么样的影响，这是我们将要探讨的问题。因此以我国为例，模拟在国际能源署《世界能源展望》提出的新政策情景（NPS）下，2030 年我国锂电池的技术发展对全球钴流动网络、全球锂流动网络以及全球钴锂双层流动网络的冲击影响。

5.3.1　锂电池技术进步冲击对钴流动网络的影响

模拟贸易权重偏好和贸易国家偏好两种情景下锂电池技术进步冲击对钴流动网络的影响，结果如图 5 - 11（a）和图 5 - 11（b）所示。结果表明随着冲击度（γ）的不断增大，我国将会有更多出口商受到锂电池技术进步的影响。但是，两种不同的冲击扩散情景对全球钴流动网络中出口方的影响是不同的。具体来说，贸易国家偏好情景下锂电池技术进步对钴出口方的影响远大于贸易权重偏好情景下锂电池技术进步对钴出口方的影响。在现实生活中，钴贸易出口方受到的实际影响应该介于模拟的两种情景之间。当我国钴进口量减少时，钴出口方会与大型的贸易伙伴保持良好的贸易关系，但是不会像图 5 - 11（b）所示那么极端。因此，图 5 - 11（a）和图 5 - 11（b）为锂电池技术进步的冲击影响提供了大致范围。例如，当冲击度（γ）为 0.5 时，即 2030 年我国锂电池中的 NCM622 占 50% 的市场，NCM811 占 50% 的市场，受影响程度超过 60% 的钴出口方占我国进口商的 14% ~93%。

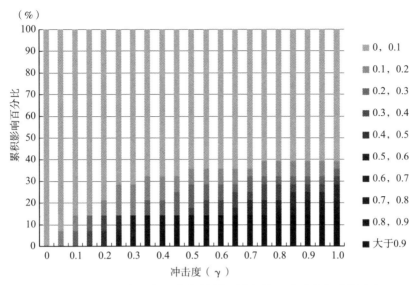

图 5 – 11（a）　贸易权重偏好情景下钴贸易层受到冲击后的影响

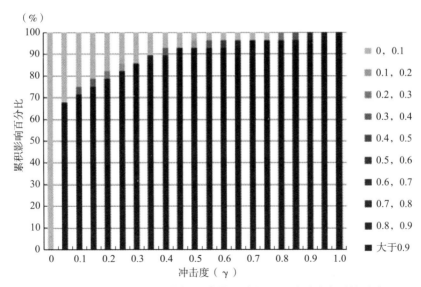

图 5 – 11（b）　贸易国家偏好情景下钴贸易层受到冲击后的影响

注：图 5 – 11（a）和图 5 – 11（b）是冲击影响累积图，横坐标表示冲击度（γ），并以 5% 的增量进行模拟，容忍值 z 在（0.1，1）范围内，并以 0.1 的增量进行模拟，纵坐标表示在不同容忍值的区间范围内，钴贸易层中国出口商受影响的情况，颜色越深代表国家受到的影响越大。

5.3.2　锂电池技术进步冲击对锂流动网络的影响

锂电池技术的不断进步使我国对锂的需求量也有所减少，这也会对全球锂流动网络的出口方造成不同程度的影响。图5-12表示贸易权重偏好情景下锂电池技术进步冲击对锂流动网络的影响，颜色越深，代表锂出口方受影响的程度越大。通过比较图5-11（a）和图5-12，发现我国锂电池技术进步对钴流动网络的影响远大于对锂流动网络的影响。

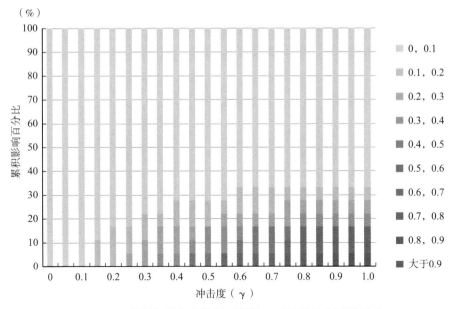

图5-12　贸易权重偏好情景下锂贸易层受到冲击后的影响

第6章

基于资源流动的我国稀有
金属资源供应安全评估

在新技术革命和新冠疫情的背景下，各国及地区对稀有金属资源的争夺日趋激烈，使得稀有金属资源的国际贸易流动格局更加复杂多变，导致稀有金属资源供需矛盾。因此，本书在对全球稀有金属资源流动格局分析的基础上，构建我国稀有金属供应安全评估新模型，分析我国稀有金属供应安全的历史演变规律，为预判我国稀有金属供应安全变化趋势奠定基础。具体来说，将全球稀有金属资源流动的网络拓扑指标，如平均度、接近中心度、中介中心度、节点及边等，与传统供应安全评估指标相结合，开发了一种新的稀有金属资源供应安全评估体系，从而对我国及我国主要稀有金属资源进口方的供应安全进行科学评估。

6.1 基于资源流动的稀有金属
供应安全综合评估方法

6.1.1 指标选取

随着全球化程度的提高和国家之间相互依赖程度的提高，在稀有金属资源供应安全评估中也应考虑其全球流动情况。为此，本书在传统的供应安全评价指标体系中，引入基于复杂网络分析方法构建的流动网络拓扑结构，从而构建新的我国稀有金属供应安全评估模型，实现对稀有金属供应安全的科学动态评估。对金属供应安全做出评价是一个庞大复杂的命题。供应安全指标的选取十分重要，同时也要规避大而全导致无法进行深入研究的问题，为了使选取的指标更加全面，本书根据供应安全综合评价的内涵，并参考相关文献（Liu et al.，2020；Gong et al.，2020），从资源供应状况、网络结构、政治经济状况 3 个维度选取 9 项指标，构建锂矿和钽矿资源供应安全综合评价指标体系。指标的详细介绍可见表 6 - 1。

表 6 - 1　　　　　　　锂矿和钽矿资源供应安全评价指标体系

维度	指标
资源供应状况	出口量 国家间的距离
网络结构	网络平均度 节点数 边数 接近中心度 中介中心度
政治经济状况	国内生产总值 政治风险评级指数

　　资源供应状况维度的指标为相应出口方出口到我国的出口量、供应国与我国的距离。我国钽矿资源国内供应不足、缺口大，主要依靠进口，进口因素对供应安全影响最大，选取出口量及国家间的距离可有效评估我国从国外获取锂矿和钽矿资源的难易程度，可有效衡量供应状态。

　　网络结构的指标包括网络平均度、节点数、边数、接近中心度、中介中心度。一个国家在全球金属流动网络中的重要性取决于直接与之交易的国家数目。一个国家的网络平均度越高，这个国家在贸易中的地位就越高。全球流动网络的规模由节点和边的数量来衡量，该节点和边的数量随时间变化。通常，具有大量节点和边的网络结构在拓扑上更加稳定。接近中心度衡量一个国家在全球金属流动网络中与所有其他国家的亲密程度。国家之间的中介中心度是通过该国家的全球金属流动网络中最短路径的数量，具有高中介中心度的国家在全球金属流动网络内的交流中起着关键作用。

政治经济状况维度选用国内生产总值（GDP）和政治风险评级指数（political risk rating）。其中，GDP 数据来源于世界银行（www. data. worldbank. org. cn），反映了一国（或地区）的经济实力和市场规模，是有效衡量经济发展状况的最佳指标。政治风险评级指数（数据来源于www. prsgroup. com）综合考量国家（地区）的政府稳定性、社会经济条件、投资情况、国内外冲突等情况，评级指数分布在 0 ~ 100 之间。政治风险评级指数越高，风险越低，政治越稳定；反之，风险越高。

6.1.2　数据说明

以锂和钽资源为例，评估我国稀有金属供应安全问题。由于数据可得性，选取时间区间为 1996 ~ 2020 年，评估我国以及与我国有贸易关系的其他国家及地区的稀有金属供应安全问题。为了重点分析与我国有密切贸易关系的国家及地区对我国锂和钽资源供应安全的影响，从进口方的角度来看，对我国主要钽资源进口方进行了梳理，选取在这23 年中发生过 12 次及以上交易的国家及地区进行重点分析，总共有 19 个国家，分别是亚洲 4 个（马来西亚、日本、泰国、印度）、欧洲 2 个（德国、英国）、非洲 10 个（埃塞俄比亚、布隆迪、刚果共和国、刚果民主共和国、津巴布韦、卢旺达、莫桑比克、南非、尼日利亚、坦桑尼亚）、北美洲 1 个（美国）、南美洲 1 个（巴西）、大洋洲 1 个（澳大利亚）。对我国的主要锂资源进口方进行了梳理，选取在这 23 年中发生过 17 次及以上交易的国家及地区进行重点分析，总共有 30 个国家及地区，分别为亚洲 10 个（中国香港特别行政区、日本、韩国、新加坡、泰国、菲律宾、印度、马来西亚、印度尼西亚、土耳其）、欧洲 13 个（德国、英国、法国、荷兰、捷克、瑞士、波兰、阿根廷、西班牙、比利时、意大利、俄罗斯联邦、斯洛文尼亚）、非洲 1 个（南非）、北美洲 2 个（美国、加拿大）、南美洲 2 个（巴西、秘鲁）、大洋洲 2 个（新西兰、澳大利亚）。

6.1.3　综合评估体系构建

研究中使用的综合评估方法较多，主要有因子分析/主成分分析法、分层聚类法、层次分析法、模糊综合评价、熵值法、灰色关联法、TOPSIS 法等。选用因子分析法对我国锂和钽资源供应安全状况进行综合评价。

因子分析法是多元统计分析的一个重要分支，它能从具有复杂关系的多因素变量中，通过数学变换浓缩出几个公共因素来概括和描述原始的多个因素的主要信息，反映和解释原始变量之间的复杂关系，达到降低变量个数、浓缩数据的目的。因子分析法是一种客观赋权法，相对于主观赋权法，它避免了人为因素带来的偏差，客观性强，精确度高。下面具体介绍该方法。

因子分析在统计学中是一种常用的降维方法，目的在于用更少的、未观测到的变量（factor）描述观测到的、相关的变量。更准确地说，因子分析假设在观测到的变量间存在某种相关关系，从观测变量的矩阵内部相关关系出发找到潜变量（latent variables），从而使得潜变量和观测变量之间的关系成立。

首先，将所有指标归一化并将其转换为［0，1］范围，按照公式（6-1）进行转化。

$$X_i = \frac{X_i - \min(X_i)}{\max(X_i) - \min(X_i)} \qquad (6-1)$$

设有 N 个样本，P 个指标，$X = (X_1, X_2, \cdots, X_p)^T$ 为随机向量，要寻找的公因子为 $F = (F_1, F_2, \cdots, F_m)^T$，则模型：

$$X_1 = a_{11}F_1 + a_{12}F_2 + \cdots + a_{1m}F_m + \varepsilon_1$$
$$X_2 = a_{11}F_1 + a_{12}F_2 + \cdots + a_{1m}F_m + \varepsilon_2$$
$$\vdots$$
$$X_p = a_{11}F_1 + a_{12}F_2 + \cdots + a_{1m}F_m + \varepsilon_p \qquad (6-2)$$

公式（6-2）称为因子分析的模型。矩阵 $A = (a_{ij})$ 称为因子载荷矩阵，a_{ij} 为因子载荷，代表公因子 F_i 和变量 X_j 的相关系数。ε 为特殊因子，代表公因子以外的影响因素，在实际分析时通常忽略不计。

初始因子模型常常因为因子负荷矩阵比较复杂，而不利于因子的解释。因此，需要对初始因子模型进行进一步操作。因子轴旋转是较为常用的一种方法。通过因子轴旋转可以在保持同一行中每个元素的平方和（公共因子方差）不变的条件下，将载荷矩阵中每个元素的值转化为 0 ~ 1。因子轴旋转使得各变量对因子的负荷更为明显，因此也更有利于对各公共因子给出解释。

其次，通过回归分析得到各因素得分，并将各共同因素表达为变量的先行形式，进一步计算各因素得分，对供应安全进行综合评价。

公式（6-3）为每个因子得分的计算公式：

$$F_i = b_{i1}X_1 + b_{i2}X_2 + \cdots + b_{in}X_n (i = 1, 2, \cdots, m) \qquad (6-3)$$

综合评价的得分就是供应安全指标，计算如公式（6-4）所示：

$$F = \frac{\lambda_1 F_1 + \lambda_1 F_1 + \cdots + \lambda_k F_k}{\sum\limits_{p=1}^{k} \lambda_p}　\text{(6-4)}$$

此外，还可以通过 Bartlett 球形检验和 KMO 检验来验证模型的适用性。

采用 Bartlett 球形检验用于检验相关阵中各变量间的相关性，即各变量是否相互独立。如果变量之间是相互独立的，就不能从它们中提取公因子并进行因子分析。Bartlett 球形检验表明如果相关矩阵是单位矩阵，那么每个变量都是独立的，因子分析法是无效的。

KMO 检验统计量可以比较变量间的简单相关系数和偏相关系数，多应用于多元统计的因子分析。KMO 统计量是取值在 0 ~ 1 之间，KMO 值越接近 1，相关性越强，更适合用于因子分析；KMO 值越接近 0，说明各变量之间的相关性越弱，原变量越不适合进行因子得分分析。通常，KMO 值大于 0.5，即可进行因子分析。

6.2　我国稀有金属锂资源供应安全评估

为应对气候变化，落实碳达峰、碳中和共识，低碳转型和新能源已成为当前国内和国际发展的热点，锂矿资源作为重要的电池原材料正受到世界各国的重视，我国是全球重要的锂矿资源储量与消费大国，其储量和消费量均居全球前列。然而，国内锂矿资源在开发利用过程中，依然面临着资源禀赋较差、开采技术落后、生产模式粗放、产业结构失衡、环境污染严重等一系列严峻问题，导致我国锂矿资源主要依赖进口，对外依存度常年超过 80%。近年来，中国开始在新能源汽车领域持续发力，并成为全球最大的电动汽车市场，这意味着，未来我国对作为动力电池主要成分的锂资源的需求仍可能急剧增加。在这种背景下，锂资源对外依存度过高的现状导致了我国锂资源面临着巨大的供应风险，且风险将长期存在。因此，在新的国际发展格局和安全环境下，基于资源流动视角，科学系统评价中国锂矿资源安全形势具有重要的现实意义。

6.2.1　锂资源供应安全指数构建

基于网络指标、国家政治风险、经济状况和国家间距离，选取平均度、接近中心度、政治风险、GDP 和国家间距离等 9 个指标构建中国锂矿资源供应安全评估的"资源供应—网络结构—政治经济"三维指标评价体系，利用因子分析法对我国锂矿资源 1996～2020 年供应安全形势进行综合评价。首先对选取的指标进行因子分析，为保证数据的有效性，对所有数据按照公式（6－1）进行归一化处理（Liu et al., 2020；Gong et al., 2020）。然后，在 Stata 中进行因子分析的相应操作，并对数据进行 Bartlett 球形检验以及 KMO 检验。

因子分析的适用性检验结果如下：Bartlett 球形检验的结果为 0.000；KMO 的值为 0.652，比阈值 0.5 要大，因此变量之间是存在相关性的，符合要求。说明这份数据是可以进行因子分析的。

由相关系数矩阵 R 计算得到的特征值以及累计方差贡献率，如表 6－2 所示，可以发现前 3 个因子的贡献率依次为 29.900%、25.800%、13.500%，累计贡献率达到 69.200%，基本等于临界值 70%。因此，前 3 个因子基本涵盖所选指标的原始信息，选用 3 个公因子进行综合评价。

表 6 - 2　　　　　　　　　　特征值和累计方差贡献率

成分	初试特征值			提取平方和载入		
	合计	方差的%	累积%	合计	方差的%	累积%
1	2.692	29.900	29.900	2.692	29.900	29.900
2	2.318	25.800	55.700	2.318	25.800	55.700
3	1.214	13.500	69.200	1.214	13.500	69.200
4	0.879	9.800	78.900			
5	0.671	7.400	86.400			
6	0.543	6.000	92.400			
7	0.343	3.800	96.200			
8	0.212	2.400	98.600			
9	0.129	1.400	100.000			

为了考察各个年份的供应安全综合状况，并对其进行分析和综合评价，采用回归方法求出因子得分函数，Stata 输出的函数系数矩阵如表 6 - 3 所示。由系数矩阵将 3 个公因子表示为 9 个指标的线性形式。因子得分函数为：

$$F_1 = 0.050X_1 + 0.548X_2 + 0.907X_3 + 0.882X_4 + 0.131X_5 - 0.209X_6$$
$$+ 0.753X_7 + 0.175X_8 - 0.361X_9 \qquad (6 - 5)$$

$$F_2 = 0.855X_1 - 0.440X_2 + 0.153X_3 + 0.143X_4 + 0.837X_5 + 0.446X_6$$
$$+ 0.147X_7 - 0.607X_8 + 0.243X_9 \qquad (6 - 6)$$

$$F_3 = -0.257X_1 - 0.035X_2 + 0.113X_3 + 0.298X_4 - 0.273X_5 + 0.615X_6$$
$$+ 0.095X_7 + 0.160X_8 + 0.747X_9 \qquad (6 - 7)$$

第一个因子贡献较大的是接近中心度、中介中心度、节点数、GDP，可以认为因子 1 反映了供应网络结构、政治经济情况，可以作为综合因子。第二个因子在变量平均度、边数量上有较大的载荷，可以认定是贸易供应多元化发展的影响因子，政治风险对供应具有负面影响。

第三个因子在出口量、距离这两个变量上载荷最大，可以作为供应状况的影响因子。

表 6 - 3　　　　　　　　　　　因子载荷矩阵

变量	因子		
	1	2	3
平均度 x_1	0.050	**0.855**	- 0.257
接近中心度 x_2	0.548	- 0.440	- 0.035
中介中心度 x_3	**0.907**	0.153	0.113
节点数 x_4	**0.882**	0.143	0.298
边数量 x_5	0.131	**0.837**	- 0.273
出口量 x_6	- 0.209	0.446	**0.615**
GDPx_7	**0.753**	0.147	0.095
政治风险 x_8	0.175	**- 0.607**	0.160
距离 x_9	- 0.361	0.243	**0.747**

最后，按照每个公因子对应的方差贡献率作为权重，计算综合因子得分：

$$F_{综} = (0.299F_1 + 0.258F_2 + 0.135F_3) \div 0.692 \qquad (6-8)$$

6.2.2　锂资源供应安全综合评价结果分析

通过计算可以得到锂资源供应安全的综合评价指数。首先，图 6 - 1 展示了 1996 ~ 2020 年间我国锂资源供应安全评价指数的总体趋势，在这 20 多年的时间里，供应安全评价指数总体经历了稳定的上升期，仅在 2011 ~ 2013 年以及 2018 ~ 2020 年有稍微地下降。在 1996 ~ 2020 年间，我国锂矿资源供应安全状况总体不断向好，评价指数由 2.36 增长到最高时为95.53，并且从2007年以来，我国锂资源供应安全指数均在80以上，这些结果表明这期间我国锂资源供应安全状况趋于稳定，总体上处于安全状态。在2020年，我们锂资源供应安全指数在近14年首次降到80以下，为75.51，表明疫情给我国锂资源供应安全带来了冲击。

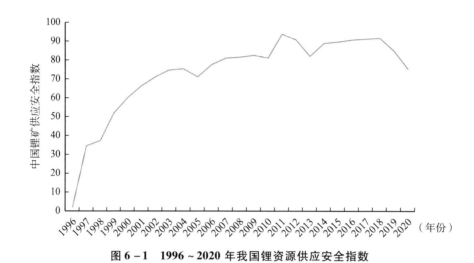

图6-1　1996~2020年我国锂资源供应安全指数

近年来，随着战略性新兴产业的发展，新能源设备、电动汽车和储能装备对锂矿需求快速提升，我国锂矿资源消费需求也迅速增长，2020年金属锂共消费5.2万吨，较2010年增长502.2%，占全球总消费量的61.4%，已成为全球最大锂矿资源消费国。清洁能源替代化石能源是实现碳减排的重要手段，作为生产电池和清洁能源的重要原料，锂矿资源未来需求量将保持快速增长，预计2030年我国锂矿资源需求量为50万吨碳酸锂，较2020年增长1.6倍。我国锂矿资源丰富，储量占全球的25.7%，但受资源品位低、赋存环境差、高镁卤水锂提取技术尚未完全突破等因素影响（张泽南等，2020），资源开发难度大、产量小（马哲和李建武，2018），我国锂矿资源对外依存度长期保持在80%以上，资源自给能力严重不足。此外，我国锂资源供应安全形势与经济技术发展状况、我国国情以及国际环境密切相关。

6.3 我国稀有金属钽资源供应安全评估

6.3.1 钽资源供应安全指数构建

将选取的指标进行因子分析（Liu et al.，2020；Gong et al.，2020）。为保证数据的有效性，首先进行归一化处理，然后进行因子分析，并对数据进行 Bartlett 球形检验以及 KMO 检验。

因子分析的适用性检验结果如下：Bartlett 球形检验的结果为 0.000；KMO 的值为 0.652，比阈值 0.5 要大，因此变量之间是存在相关性的，符合要求。表明可以进行因子分析。

由相关系数矩阵 R 得到的特征值以及累计方差贡献率，如表 6-4 所示，发现前 3 个因子的贡献率依次为 37.331%、21.808%、12.343%，累计贡献率达到 71.482%，大于临界值 70%。因此，前 3 个因子基本涵盖所选指标的原始信息，选用 3 个公因子进行综合评价。

表 6-4 特征值和累计方差贡献率

成分	初试特征值			提取平方和载入		
	合计	方差的%	累积%	合计	方差的%	累积%
1	3.360	37.331	37.331	3.360	37.331	37.331
2	1.963	21.808	59.139	1.963	21.808	59.139
3	1.111	12.343	71.482	1.111	12.343	71.482

续表

成分	初试特征值			提取平方和载入		
	合计	方差的%	累积%	合计	方差的%	累积%
4	0.921	10.234	81.716			
5	0.711	7.899	89.615			
6	0.453	5.037	94.653			
7	0.301	3.340	97.993			
8	0.117	1.296	99.289			
9	0.064	0.711	100.000			

为了考察各个年份的供应安全综合状况，并对其进行分析和综合评价，采用回归方法求出因子得分函数，函数系数矩阵如表6-5所示。

表6-5　　　　　　　　　　因子载荷矩阵

变量	因子		
	1	2	3
平均度 x_1	**0.930**	0.200	0.038
接近中心度 x_2	**0.864**	0.068	-0.047
中介中心度 x_3	**0.836**	0.300	-0.009
节点数 x_4	-0.373	**0.872**	0.169
边数量 x_5	-0.325	**0.874**	0.175
出口量 x_6	-0.007	-0.011	**0.711**
GDP x_7	**0.748**	0.371	-0.059
政治风险 x_8	**0.488**	-0.287	0.257
距离 x_9	0.082	-0.289	**0.687**

由系数矩阵将3个公因子表示为9个指标的线性形式。因子得分函数为：

$$F_1 = 0.930X_1 + 0.864X_2 + 0.836X_3 - 0.373X_4 - 0.325X_5 - 0.007X_6$$
$$+ 0.748X_7 + 0.488X_8 + 0.082X_9 \qquad (6-9)$$

$$F_2 = 0.200X_1 + 0.068X_2 + 0.300X_3 + 0.872X_4 + 0.874X_5 - 0.011X_6$$
$$+ 0.371X_7 - 0.287X_8 - 0.289X_9 \qquad (6-10)$$

$$F_3 = 0.038X_1 - 0.047X_2 - 0.009X_3 + 0.169X_4 + 0.175X_5 + 0.711X_6$$
$$- 0.059X_7 + 0.257X_8 + 0.687X_9 \qquad (6-11)$$

第一个因子贡献较大的是平均度、接近中心度、中介中心度、GDP、政治风险，可以认为因子 1 反映了供应网络结构、政治经济情况，可以作为综合因子。第二个因子在变量节点数、边数量上有较大的载荷，可以认定是贸易供应多元化发展的影响因子。第三个因子在变量出口量、距离这两个变量上载荷最大，可以说明供应状况的影响因子。

最后，将每个公因子对应的方差贡献率作为权重，计算综合因子得分：

$$F_{综} = (0.373F_1 + 0.218F_2 + 0.123F_3) \div 0.712 \qquad (6-12)$$

6.3.2　钽资源供应安全综合评价结果分析

6.3.2.1　我国钽资源供应安全指数

通过计算可以得到钽矿资源供应安全的综合评价指数。首先，图 6-2 展示了 1996~2020 年间我国钽资源上中下游供应安全评价指标总体趋势。从图 6-2 中可以看出，在这 20 多年的时间里，我国钽资源上中下游供应安全指数在波动中逐步上升。下游供应安全指数最高，上游次之，中游最低。上游供应保障指数波动较大，表明我国钽资源上游供应保障韧性较差。2016 年以来，中游供应保障指数已超过上游供应保障。2020 年，下游供应安全指数成为产业链供应安全的最小值，下游可能受新冠疫情影响最大。这些结果表明，新冠疫情对钽资源上中游的影响有限，主要影响钽资源的下游消费端。

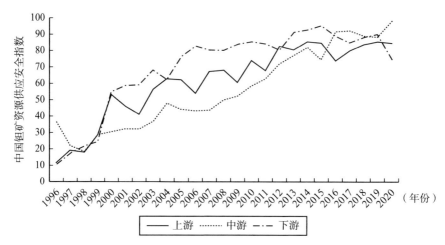

图 6 - 2　1996～2020 年我国钽资源上中下游供应安全指数

具体分析可知，我国钽资源上游供应安全评价指数总体经历了一段上升期（1996～2014 年）、下降期（2014～2016 年）、平稳期（2016～2020 年）。1996～2014 年间，我国钽矿资源上游供应安全状况总体不断向好，并且评价指数由 11. 73 增长到 85. 27。2014～2016 年间，供应安全指数趋势出现了下滑，2016 年出现了最低值，仅为 73. 67。在 2016～2018 年，国内供应安全形势波动平缓，安全指数都在 73. 67 以上，表明这期间我国钽矿资源上游供应安全状况趋于稳定，总体上处于基本安全的状态。

我国钽资源中游供应安全评价指数总体先经历了一段下降期（1996～1998 年）以及在微小波动率中上升（1998～2020 年）。在 1996～1998 年，我国钽矿资源中游供应安全状况总体不断变差，并且评价指数由 36. 74 减小到 18. 30。1998～2020 年，我国钽矿资源中游供应安全状况总体不断向好，并且评价指数由 18. 30 增长到 97. 98，表明这期间我国钽矿资源中游供应安全状况越来越好，当前处于非常安全的状态。

从 1996~2020 年间我国钽资源下游供应安全评价指数的总体趋势状况可以看出，供应安全评价指数总体经历了一段上升期（1996~2006 年）、平稳期（2006~2015 年）和下降期（2015~2020 年）。1996~2006 年间，我国钽资源供应安全状况总体不断向好，并且评价指数由 10.48 增长到 82.70。2006~2015 年间，国内供应安全形势波动平缓，安全指数都在 79.89 以上，且在 2015 年达到了顶峰 95.11，表明这期间我国钽资源供应安全状况趋于稳定，总体上处于安全的状态。2016~2020 年间，供应安全指数趋势出现了下滑，2020 年出现了最低值，仅为 74.74。

6.3.2.2　主要贸易国供应安全指数

为关注与我国贸易关系密切的国家及地区对我国钽资源供应安全的影响，从我国作为进口方的角度进行分析，选取 23 年来与我国进行过 14 笔及以上交易的国家及地区进一步分析。共有 19 个国家，亚洲 4 个（马来西亚、日本、泰国、印度），欧洲 2 个（德国、英国），非洲 10 个（埃塞俄比亚、布隆迪、刚果共和国、刚果民主共和国、津巴布韦、卢旺达、莫桑比克、南非、尼日利亚、坦桑尼亚），北美 1 个（美国），南美 1 个（巴西），大洋洲 1 个（澳大利亚）。出于篇幅考虑，我们仅报告其中 11 个国家（可根据要求提供完整结果）。

图 6-3、图 6-4 和图 6-5 分别描绘了我国及主要进口方上、中、下游钽资源供应安全状况。与我国供应安全指数类似，这些国家钽资源上、中、下游供应安全指数在震荡中稳步上升，尤其是上中游。下游供应安全指数在 2006 年达到极值，并在高位震荡，2020 年急剧下降。各国的演变趋势相同，说明各国的钽资源指数具有较高的相关性。这些特点表明，随着经济全球化进程加快，各国之间的联系越来越紧密。

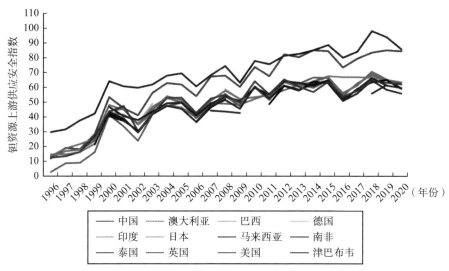

图 6 - 3　1996 ~ 2020 年我国及我国主要进口方上游钽资源供应安全指数

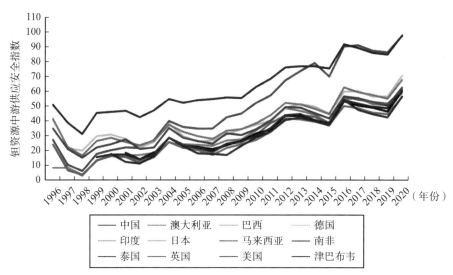

图 6 - 4　1996 ~ 2020 年我国及我国主要进口方
中游钽资源供应安全指数

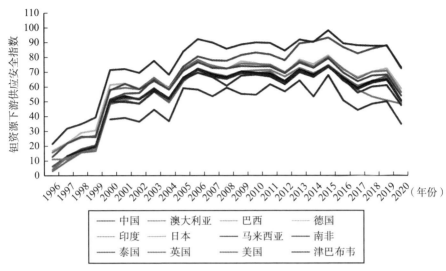

图 6 - 5 1996~2020 年我国及我国主要进口方下游钽资源供应安全指数

图 6 - 3 画出了 1996~2020 年我国及我国主要进口方上游钽资源供应安全指数。从图 6 - 3 可以看到，各个主要进口方的供应安全指数的整体趋势与我国的供应安全指数相同，在这 20 多年的时间里，供应安全评价指数总体在波动中上升。各个国家所产生的具体影响情况会有些不同。具体来说，美国上游钽资源供应安全一直位居各国之首。我国供应安全指数位居第二，但大致经历了三个阶段。1999 年以前我国的供给安全指数与日本、德国、澳大利亚等国相当。第二阶段是 1999~2003 年与美国以外的国家拉开差距，明显高于其他国家的供给安全指数。第三个阶段，2003 年以后，英国、德国、日本等其他发达国家的供给安全指数差异不是很明显。此外，其他国家的供应安全指数在新冠疫情期间大幅下降，而我国的供应安全指数影响较小。

图 6 - 4 显示了 1996~2020 年我国及主要进口方中游钽资源供应安全指数。供应安全指数从 1996 年开始下降，1998 年达到最低点，此后开始稳步上升。与上游类似，美国上游钽资源的供应安全一直居各国首

位。我国供应安全指数位居第二，也经历了三个阶段。第一阶段，2002年以前，我国的供给安全指数低于美、英、德、日等发达国家。第二阶段，我国在2004年超过了除美国以外的其他国家，但与美国的供应保障仍有较大差距，此后一直在追赶美国。第三阶段，2014年首次赶超美国，然后与美国并驾齐驱。德国和日本一直在争夺第三名，远高于其他国家的供应安全指数。更值得注意的是，在新冠疫情期间，所有国家的中游钽供应指数均显著增加。

图6-5展示了1996~2020年我国及我国主要进口方下游钽资源供应安全指数。我国及我国主要进口方下游钽资源供应安全指数明显高于中、上游。与上游类似，美国上游钽资源的供应安全一直居各国首位。我国供应安全指数位居第二，也经历了三个阶段。第一阶段，2002年以前，我国的供给安全指数低于美、英、德、日等发达国家。第二阶段，我国在2004年超过了除美国以外的其他国家，但与美国的供应保障仍有较大差距，此后一直在追赶美国。不同的是第三阶段，2014年第一次赶上美国，然后跌破美国，2019年才再次赶上美国，然后与美国并驾齐驱。津巴布韦钽资源的下游供应安全指数明显低于其他国家，这可能表明资源型发展中国家或落后国家下游的供应安全保障非常低。在新冠疫情期间，所有国家的供应安全指数均显著下降，表明大流行可能严重影响了钽资源的最终用途。

非洲国家例如南非和津巴布韦在供应量上对我国有突出贡献，但是整体供应不高，对我国供应安全产生负面影响。这可能与当地的政治经济环境不完善有极大关联，根据官方统计数据，可发现来自未统计的手工和小型采矿资源的供应量比预期的要大得多，并估计非洲未统计的产量从2004年约600吨增加到2014年的2000多吨，几乎增加了250%。

21世纪初期，我国经济增长进入加速度阶段，工业化进程进入中期，钽矿资源产品消费需求增长旺盛，使得钽矿资源供应安全水平趋于稳定。近几年，在技术、环保等方面又有新的问题不断显现，又导致安全指数有所降低。在冶炼技术层面，我国的湿法冶炼工艺领先于国际水平，火法冶炼工艺也不落后，我国在产业链上游的技术水平与国外不相上下，但在行业中、下游有明显差异，钽电容器的水平与国外差距大，半导体靶材也存在一定差距，我们正在逐步追赶，但效果不明显。而且，发达国家在知识产权方面保护得更好，国外相关专利多，结构分布完善。而我国对研发资金投入不够充足等问题，导致我国中、下游企业技术不够先进、钽资源产品高端应用方面不足。另外，环保、污染治理成本对钽矿资源行业影响重大。中共中央办公厅、国务院办公厅印发的《生态环境损害赔偿制度改革方案》中提出，从 2018 年 1 月 1 日起，在全国试行生态环境损害赔偿制度。这一方案的出台，标志着生态环境损害赔偿制度改革已从先行试点进入全国试行的阶段。到 2020 年，力争在全国范围内初步构建责任明确、途径畅通、技术规范、保障有力、赔偿到位、修复有效的生态环境损害赔偿制度。生态环境损害赔偿制度的实行对我国钽资源行业放射性废渣的处置提出了更为严格的要求。因此，相关环保政策和生态保护制度的实施，对钽行业的废物处理提出了更高要求。

第7章

我国稀有金属资源供应链弹性评估

党的二十大报告提出"着力提升产业链供应链韧性和安全水平"。习近平总书记要求"要把增强产业链韧性和竞争力放在更加重要的位置，着力构建自主可控、安全高效的产业链供应链"[①]。供应链弹性的提升对我国推动高质量发展和维护国家产业安全具有重要意义。为了量化稀有金属产业链供应链韧性和抗冲击能力，引入弹性概念来评估我国稀有金属锂的供应链安全问题。新能源汽车的发展给我国锂供应链带来了相当大的需求冲击。以燃料为主要动力的传统汽车行业，由于废气排放而产生大量污染。为了生态系统的可持续发展，迫切需要新能源汽车产业，对动力电池的需求也随之增长。锂离子电池作为普通动力电池的需求也在不断增长，从而导致对锂资源的需求增加。2010 年我国电池消耗量占锂资源消耗量的 23%（USGS，2011），2018 年达到 56%（USGS，2019），其消费量远大于电子、油脂、玻璃、陶瓷等传统市场的消费量。根据《新能源汽车产业发展规划（2021 - 2025 年)》，到 2035 年，我国将实现新能源汽车新车销售量达到汽车新车销售总量的 20% 左右，在其他领域需求不变的前提下，我国锂资源需求会保持持续增长的态势。届时，

---

① 中国政治网．习近平：高举中国特色社会主义伟大旗帜 为全面建设社会主义现代化国家而团结奋斗——在中国共产党第二十次全国代表大会上的报告［EB/OL］．［2022 - 10 - 25］．http：//www. gov. cn/xinwen/2022 - 10/25/content_5721685. htm.

在其他领域需求不变的前提下，锂需求有望达到 2020 年碳酸锂当量 15 万吨。

在新能源汽车的需求冲击下，我国锂资源的经济重要性和供应风险增加。2017 年我国锂资源探明储量达到 700 万吨，占全球锂储量的 22%，但由于锂矿开采成本高，年产量仅占全球产量的 6%。此外，我国锂的回收率比较低（Reck and Graedel，2012）。2015 年我国进口锂辉石精矿 36 万吨，年增长 16%。但是，由于地缘政治和自然灾害导致的供应中断仍可能会发生。当出现供应中断时，原材料对外依存度高、国内企业存量稀缺，这些都会影响国内碳酸锂、氢氧化锂等新能源汽车电池材料的供应，也会影响新能源汽车的发展，行业也将中断。考虑到当前锂供应链风险形势，提出以下两个问题：（1）新能源汽车需求冲击和供应中断风险下，我国锂供应链能否具备应对能力？（2）通过哪些改善措施可以有效提升我国锂行业的供应链弹性？

7.1　我国稀有金属供应链弹性模型构建

本书通过引入弹性概念来评估我国锂供应链状况。弹性可以定义为系统的可恢复性和容错性，即当系统出现中断等变化时，系统能够自动调整来适应变化，保持正常运行的能力。供应链弹性取决于供应链系统在受到干扰后的恢复速度、承受冲击维护功能的能力以及子系统间的切换水平。弹性分析有助于研究锂供应链在短期和长期受到风险冲击时恢复原状的能力。弹性的概念来源于材料科学，目前广泛用于制造业（Zhang and Van Luttervelt，2011）、信息和通信科学（Laprie，2008）和能源（Gasser et al.，2021；Gnansounou，2008；He et al.，2017）。在资源领域，许多研究使用弹性来评估资源系统的结构稳定性。斯普雷彻等

（Sprecher et al.，2015）、曼切瑞等（Mancheri et al.，2018）分别提出了评估稀土和钽弹性的研究框架。随后，斯普雷彻等（2017）提供了一种衡量供应链弹性的方法。基于弹性评估框架，曼切瑞等（2019）定性研究了政策对稀土供应链弹性的影响。关于资源弹性研究的文献很少，大部分文献都建立了框架并专注于稀土和钽的研究，然而缺乏对锂的供应链弹性的研究。鉴于系统动力学（SD）模型可以动态模拟系统发生供应中断时系统的演变过程（Amarasinghe et al.，2017），因此，基于弹性评估框架和锂行业现状，建立系统动力学（SD）模型来动态分析和评估我国锂供应链弹性状况。

7.1.1　模型结构

以我国为空间边界进行系统动力学模型构建，评估锂供应链在风险冲击下的应对能力。之所以选择我国作为研究对象，原因主要有以下两方面：首先，保障我国新能源汽车产业链供应链弹性对我国以及全球新能源产业安全都十分重要。我国作为全球最大的新能源汽车产销市场，新能源汽车产业作为我国产业规划的重要组成部分，将新能源汽车纳入战略性新兴产业，赋予其应对气候变化、实现新能源汽车产业"弯道超车"的历史使命。其次，当前全球格局发生了翻天覆地的变化，贸易保护主义日趋严重，产业链重构的趋势越来越明显，聚焦国内供应链研究具有重要现实意义。

如图7－1所示，供应系统包括锂材料生产的主要环节，包括"锂原材料库存""锂生产库存"和"锂社会使用库存"。锂资源主要来自锂矿石和卤水，可通过资源开采获得。在我国生产的锂矿石和卤水集中在"锂原材料库存"中，该库存包括了国内开采的锂矿和从其他国家进口的锂矿。接着，锂原材料投入生产，并以锂产品（碳酸锂、氢氧化物等）的形式生产，进入"锂生产库存"。"锂生产库存"还包括从其他国家进口或者从废物中回收的锂产品。然后，锂产品被用于终端应用行业，例如新能源汽车、3C电池等其他终端应用中。在锂产品使用之后，"锂社会使用库存"中的一部分会被回收商选择进入二次回收使用，而其他则被废弃。

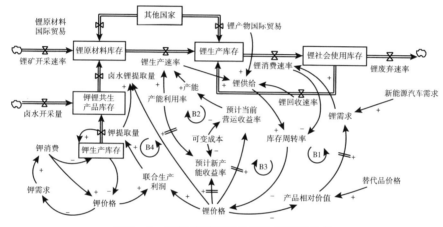

图7-1　锂供应系统弹性评估模型的结构

聚焦国内锂产品的供求关系，将新能源汽车需求、开采率、净进口和回收率作为外生变量。锂产品的循环回路主要集中在锂需求和锂供应两个主要经济要素上。供需之间的平衡是否可以维持，是评估供应系统弹性的重要指标。在需求阶段，当替代品的价格恒定时，锂价格的上涨将降低产品的相对价值，从而减少锂资源的需求。锂需求的减少导致了消费率的下降、制成品库存的积累以及库存周转量的增加，进而导致锂价格的下降（B1）。在供应循环中，价格上涨会通过影响当前的产能收益率来提高产能利用率（B2）。当价格长期上涨时，预期的产量增加将增加对产能建设的投资，从而扩大产能（B3）。锂产能和产能利用率的增加导致产量的增加，从而导致供应的增加。在需求恒定的情况下，库存将增加，导致价格下降（B2 和 B3），并实现锂价格的平衡。

卤水锂和钾肥生产之间存在相互影响的关系，其中卤水锂的生产受到了钾肥生产量的约束，在卤水锂和钾肥的生产流程中，卤水锂的生产在钾肥生产之后，假设每单位卤水可生产的钾肥和卤水锂是恒定的，这就使得卤水锂的提取量在生产中存在一个供应上限，这个上限是由钾肥的产量决定的，设定卤水锂生产达到供给上限，此时钾提取量增加促进卤水锂提取量增加，从而增加锂资源供给量，在锂资源需求不变的情况下，锂资源价格随供给的增加而降低，因此联合生产的利润降低，联合生产商会选择降低钾提取量，卤水锂的提取量也随之降低（B4）。而锂资源需求增加引起的钾肥提取量的增加会通过钾资源的供需价格回路达到平衡。

7.1.2　存量流量图

系统动力学（SD）是一种使用存量、流量、内部反馈回路、表函数和时间延迟来刻画复杂系统的非线性行为的方法。锂供应链系统动力学模型由价格子系统、供给子系统和需求子系统三个子系统构成。该模型的存量流量图如图 7 - 2 所示。

7.1.2.1　价格子系统

锂价格子系统（见图 7 - 3）是重要的弹性机制，当锂行业受到影响时，具有弹性的锂价格子系统可以迅速做出反应并协调各子系统之间的运作。这种价格平衡机制的运行机理来自价格对于供需的相互影响。例如，行业需求的上升通过价格机制导致价格上涨，然后促进产能建设和提高产能利用率来缩小供需之间的差距。相反，当产能过剩或供应过多时，弹性的价格机制可以通过降低价格或增加替代品来有效响应并降低生产能力，从而达到系统平衡的目的。

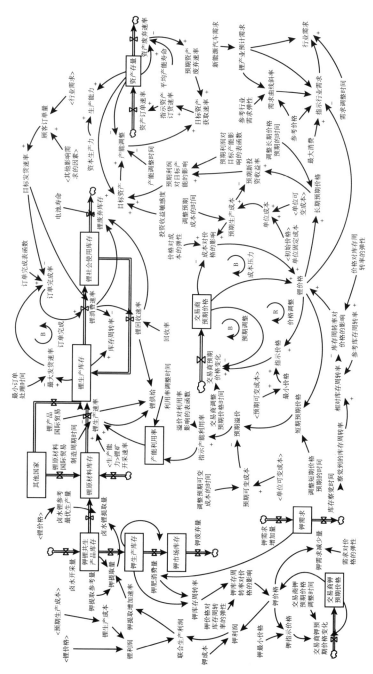

图7-2 锂供应链弹性评估模型的SD系统流程

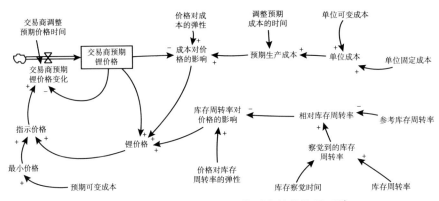

图 7 - 3　锂供应链弹性评估模型中的价格子系统

在价格子系统模型（见图 7 - 3）中，主要考虑价格受成本、库存和预测价格的影响。

$$P = P_{te} \times E_{ic} \times E_{c} \qquad (7-1)$$

其中，P_{te} 表示交易商预期锂价格，E_{ic} 表示库存周转率对价格的影响，以及 E_{c} 表示成本对价格的影响。

交易者的预期锂价格（P_{te}）主要受锂价格的影响，并通过调整"交易者的预期锂价格变化"而改变。交易者对基本均衡价格的信念会根据指示价格和当前对锂价格的预期之间的差距进行调整。交易商预期锂价格通过一阶自适应期望值调整为实际价格，实际价格被限制为大于最低水平。

当库存周转率较小时，锂价格上涨，而当库存周转率较大时，锂价格下降。价格对库存周转率（S_{ic}）的敏感性决定响应的幅度。公式（7 - 2）和公式（7 - 3）显示出了库存和价格之间的关系。

$$E_{ic} = (IC_{p}/IC_{r})^{S_{ic}} \qquad (7-2)$$

$$IC_{p} = SMOOTH(IC,\ T_{cp}) \qquad (7-3)$$

其中，IC_{p} 是察觉到的库存周转率，主要受库存周转率（IC）和库存察觉时间（T_{cp}）的影响。

交易者对基本均衡价格和生产成本的信念导致价格变化。当预期的锂成本高于预期的锂价格时，锂价格会随之上涨，反之亦然。然后，确定成本对价格的影响：

$$E_c = 1 + S_c(C_e/P_{te}) \tag{7-4}$$

其中，S_c 表示价格对成本的弹性。C_e 是预期生产成本，主要受单位成本（C_u）和调整预期成本的时间（T_c）的影响：

$$C_e = SMOOTH(C_u, T_c) \tag{7-5}$$

7.1.2.2 供给子系统

锂供给子系统是供应链弹性评估的主要机制。我国锂资源主要包括国际贸易、国内生产和循环利用三大来源，我国对外依存度较高，2015年对外依存度达到86%（Hao et al.，2017）。因此，供应方面存在很大的风险。供应多元化可以减少需求冲击对锂供应链的影响。当出现一次或多次供应短缺或中断时，其他供应来源可以提供产品替代，以防止过度的供需缺口。当供应源只有一个时，锂供应链无法承受任何供应中断造成的系统混乱。因此，评估供应的多样性有助于分析锂供应链的弹性。

如图 7 - 4 所示，锂供应（S）包括三个部分，即初级生产（S_P）、回收（R）和国际贸易（S_t）。

$$S = S_P + R + S_t \tag{7-6}$$

在锂资源的来源中，将消费后回收作为主要的回收方式（R），并将国际贸易（S_t）作为锂产品的进出口差额。此外，锂初级生产（S_P）由国内产能决定，包括国内开采的资源和国际进口的锂初始矿物。

$$S_P = DELAY3(U_c \times P_c, T_{mc}) \tag{7-7}$$

其中，T_{mc} 是制造周期时间，U_c 表示国内的产能利用率，受到短期预期价格的影响。P_c 表示国内锂生产能力，受到资产生产力和资产存量的影响。价格主要通过影响长期预期价格来影响锂生产能力。

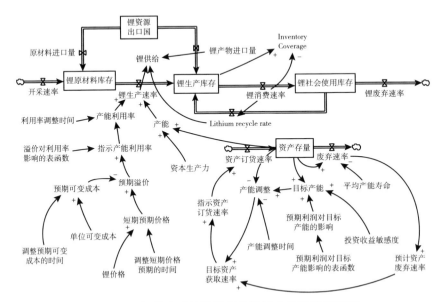

图7-4　锂供应系统弹性评估模型中的供给子系统

7.1.2.3　需求子系统

在对锂资源需求进行建模的过程中，需求子系统的本质是需求与价格变化成反比，并且这种关系可能存在延迟关系。需求子系统的弹性主要体现在，价格变化时，相似产品对需求的影响。当产品存在可替代产品时，替代品价格和锂价格之间会形成价值比较，形成的相对价格比会调节需求变化。比如高需求冲击引起价格变高，当锂产品的价格高于替代品价格时，在考虑成本以及性能等因素的条件下，部分交易商会选择采用价格较低的其他替代品，而放弃锂产品，从而使得锂需求降低。需求子系统如图7-5所示。

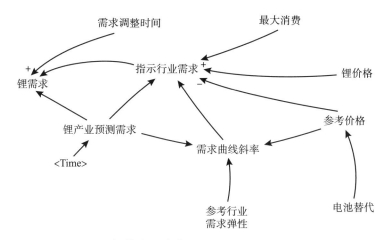

图7-5　锂供应系统弹性评估模型中的需求子系统

注："＋"和"－"分别表示正、负反馈。

参考行业需求弹性（D_r）表示在新能源汽车的影响下对锂资源需求的预测。锂的实际需求会延迟于指示行业需求。

$$D = SMOOTHI(D_i, Delay_d, D_r) \tag{7-8}$$

其中，$Delay_d$表示需求调整延迟，这意味着消费者需求响应价格变化所需的平均时间，设置为0.5年。D_i是对锂的指示需求。模型中材料替代对锂需求的影响表示为参考价格（P_r）对指示需求的影响。

$$D_i = MIN(C_{max}, D_r \times MAX(0, 1 + D_{cs} \times (P - P_r)/D_r)) \tag{7-9}$$

其中，C_{max}表示最大消费量，代表在价格最低时对锂的最大需求，D_{cs}表示锂需求曲线与参考价格下价格弹性的函数的斜率。

7.1.3　模型验证

在进行模型仿真之前，首先要对模型进行检验，这是系统动力学的关键步骤。目前有两种特定的模型验证的有效性测试，即结构测试和间接结构测试。基于系统自带的单元测试和模型测试采用历史价值测试来对模型的直接结构进行测试，这有助于研究模型的内部结构。但是，直接结构测试具有一定的主观性，为了弥补这一缺点，还采用了极限条件测试方式进行模型的间接结构测试。

7.1.3.1 模型历史值检验

在历史价值检验中，使用消费、供给和价格三个指标进行分析。首先，使用2013~2018年的新能源汽车需求值作为模型输入。其次，运行该模型以获取该期间锂资源的消费、供给和价格数据，然后将它们与历史值进行比较以获得测试结果。

测试结果如图7-6所示。模型运行生成的模拟值接近历史真实值，并且具有相同的变化趋势。后期，模型模拟的消费值略低于历史值，而模拟的供给略高于历史值。但消费和供给的误差较小，基本上与真实情况相符。历史价格和模拟价格具有相同的趋势，但是历史价格的波动大于模拟价格的波动。价格变化分为长期趋势和短期波动。由于模型聚焦于冲击影响下供应系统的长期变化，因此价格的短期波动更为平稳。由此说明该模型可用于模拟锂供应系统结构的变化。

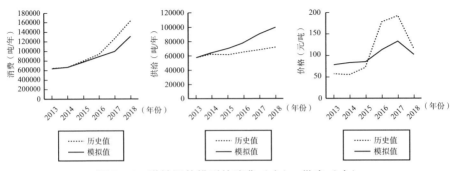

图7-6 弹性评估模型的消费（左）、供应（中）和价格（右）的历史测试结果

7.1.3.2　模型极端情况测试

极端情况测试主要用于验证模型方程是否稳定可靠，以及在极端情况发生时是否能够反映显示系统的变化规律。极端情况测试的方法由模型对冲击的响应来判断。通常是将一个或多个参数设置为极限条件，例如零或无穷大，并在此基础上观察模型结果。

锂需求是模型中的主要变量，模型中的其他变量会受到它的影响，因此，将锂需求设置为极端情况测试的影响因素。将锂需求趋势设为无穷大，结果如图 7-7 所示。在极端情况下，锂需求持续增长，消耗率将增加，这将减少库存水平。然后，价格上涨以促进产能生产，但是锂矿开采和进口的增长受到限制，因此供求比将下降，并逐渐趋于零。

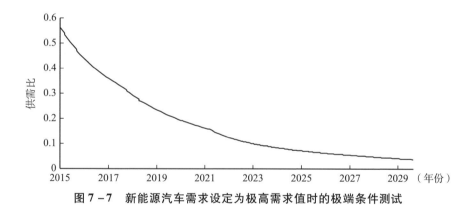

图 7-7　新能源汽车需求设定为极高需求值时的极端条件测试

7.2　不同情景下我国锂供应链的弹性评估

模型检验有效后，通过情景仿真模拟研究锂供应链在需求冲击、供应中断和新能源汽车改善措施下锂供应链的弹性变化。设置场景为新能源汽车需求冲击、供应中断、回收、储备和材料替代。新能源汽车需求冲击和供应中断是冲击，回收、储备和材料替代是供应链弹性提升的措施。

　　该模型的仿真时间设定为 2000 ~ 2030 年，涵盖了新能源汽车快速发展期和稳定期。首先，该模型评估了锂供应链在不同新能源汽车需求影响下的弹性。其次，评估了供应中断风险下锂供应链的弹性。最后，评估了改善措施是否会对提高锂供应链弹性有影响。通过评估锂供应链的弹性机制来分析锂供应的应对能力，从定性和定量两个层面解释锂供应链的弹性。

7.2.1　需求冲击影响下我国锂供应链的弹性评估

7.2.1.1　新能源汽车的影响

　　在确定模型后，通过参数的变化来分析供应系统中的变化。场景模拟主要是指国际能源署发布的《2018 年能源展望》中对电动汽车锂资源的预测。设置场景为新政策场景（NPS）和 EV30@30 的两个主要场景（见表 7 - 1）。

表 7 - 1　　　　　　　　2030 年两种情景下动力汽车锂资源预测

情景	锂需求预测量（吨/年）
NPS	137428
EV30@30	384800

　　新政策场景（NPS）是国际能源署《世界能源展望》的主要内容，为我国政府实施的政策和措施以及通过官方目标或计划表达的政策可能产生的影响奠定了基础。例如，我国于 2017 年 9 月发布了双积分政策和电动汽车补贴政策。这些政策要求我国在 2030 年之前完成电动汽车市场

占全球能源汽车产量的 26%。

EV30@30 是在 2017 年第八届清洁能源部长级会议上定义的 EVI 前景。在这种情况下，EV30@30 的目标是在电动汽车（包括轻型汽车、公共汽车、卡车）中实现全球 30% 的市场份额。该愿景的目标是到 2030 年将电力排放的碳强度降低 50% 以上，这与《巴黎协定》一致。根据世界能源机构的预测，到 2030 年，EV30@30 情景下我国由轻型电动汽车、电动公共汽车和电动卡车组成的电动汽车的市场份额将达到近 40%。在这种情况下，预计锂资源需求量将达到 6838 万吨/年，是 NPS 情景下预测需求量的 3 倍。EV30@30 中锂需求大量增加的主要原因之一是对重型车辆的需求增加。

7.2.1.2　新能源汽车冲击下的弹性

新能源汽车需求冲击下的锂供应链弹性较差，这意味着锂供应链在需求冲击下的应对能力较差。锂供应链弹性差主要表现在以下几点：在低需求（NPS）的影响下，锂供应系统在短期内会出现波动，而在长期会出现行业不稳定的问题。在高需求（EV30@30）的影响下，锂供应系统长期存在供应短缺。通常，面对需求冲击，锂供应系统将遭显著影响，实际上，这一结果在黑尔比希和齐曼（Helbig and Ziemann）的论文中也有所体现（Helbig et al.，2018；Ziemann et al.，2012）。

NPS 中锂供应链的弹性主要体现在供需的不稳定性上。近年来，随着需求上涨导致价格上涨，锂产能处于加速建设阶段，但从 2018 年开始出现产能过剩，导致价格急剧下跌。如图 7-8 所示，2019 年锂供应链依然供不应求，但由于产能的大规模建设，供需缺口正在迅速缩小；2021 年，价格达到最低值。此时出现供过于求的情况，产能过剩导致产能利用率下降，供给减少，实现供需平衡。到 2026 年，供需基本平衡，但需求逐步增加，产能投入，产能利用率持续提升。到 2030 年，该行业将再次供不应求。

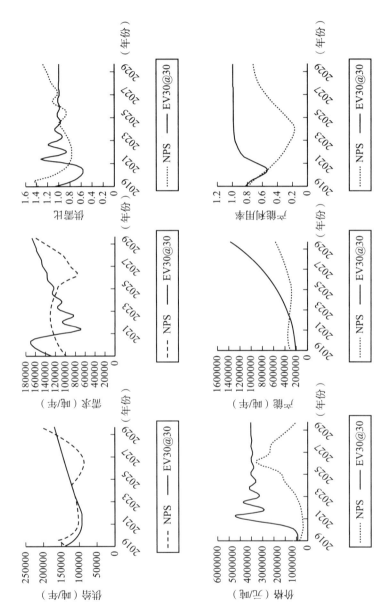

图7-8　需求冲击下锂供应系统弹性评估相关的变量结果（NPS和EV30@30场景）

在 EV30@30 中，结果显示前期产能过剩，而中后期供不应求。如图 7-8 所示，产能过剩的过程与 NPS 相同，但是对 EV30@30 的需求较高，因此后期的产能利用率很高，供应短缺。供应不足的原因是产能建设的延迟和需求的快速增长。2021 年供应增加之后，产能利用率仍将保持在 0.75 以上，这意味着锂供应系统仍然遭受供应不足的困扰。生产能力一直处于正常的增长阶段，不存在资源枯竭影响供应的现象。因此，需求的增加并不会导致供应的无限增加，但是一般认为 2030 年之前不会出现资源枯竭，因为它需要很高的资源消耗率，这在现实中很难实现（Vikström et al.，2013）。

7.2.2　供应中断影响下我国锂供应链的弹性评估

7.2.2.1　锂资源供应中断情景

我国锂供应中断的可能原因有很多，如直接受到锂原材料供应的影响，从而影响了锂的最终供应。全球地缘政治的变化会阻碍进口，而我国的原始产量很小并且无法满足生产需求，这导致锂供应短缺。地缘政治造成的供应中断通常持续数年。自然灾害对供应的影响是短期且不确定的。它们可能导致国内原材料生产的中断，也可能影响进口方的原材料生产，这可能导致进口方中断我国的锂供应。中断场景的设置有助于研究锂供应系统在中断风险下的弹性。当发生中断时，供需之间也可能存在平衡，这表明供应系统具有弹性。如果锂的短期中断对锂供应系统造成了严重损害，并且供应、需求和价格存在较大波动，则表明供应系统的弹性较弱。

在中断场景的设置中，忽略中断风险的类型和程度，仅假设存在影响锂原材料供应的中断风险，进口的原材料库存是 2020 年原始值的 30%，中断分别维持 0.5 年（SI）和 3 年（LI）（见表 7-2）。

表 7 - 2　　　　　　在供应中断的情况下评估锂供应系统弹性的场景

情景	供给中断发生时间	供给中断持续时间（年）
NPS – SI	2020 年	0.5
NPS – LI	2020 年	3.0
EV30@ 30 – SI	2020 年	0.5
EV30@ 30 – LI	2020 年	3.0

7.2.2.2　供应中断下的弹性

在供应中断的风险下，锂供应系统的弹性都出现减弱。短期中断会导致锂供应链出现波动，这在 EV30@ 30 和 NPS 中尤为明显。长期供应中断导致前期供应链波动，锂供应链长期发展不足。

在短期供应中断的情况下，锂供应链在 EV30@ 30 – SI 中具有弹性，但在 NPS – SI 中不具有弹性。如图 7 - 9 所示，2020 年发生短期供应中断时，EV30@ 30 – SI 在短期中断下供需变化不大。主要原因是锂资源的预采率高于出产率，因此有一定的原材料存量可以弥补短期原材料中断造成的供不应求。在 NPS – SI 中，短期的供应中断会导致行业供不应求，主要是因为锂供应链在中断前已经因产能过剩淘汰了部分产能，因此原料锂没有过剩材料储存，原材料中断后出现锂供应短缺。加剧了供不应求的局面，价格上涨，需求减少，从而实现供需平衡。

在长期供应中断的情况下，锂的供应系统在前期波动，后期供应持续短缺。如图 7 - 10 所示，EV30@ 30 – LI 的价格在 2020 ~ 2023 年间波动更大，价格的最高值比 EV30@ 30 的最高价格高 50% 。由于需求量大，原材料库存减少，导致原材料供应中断后锂供应不足。在恒定需求下，锂在供需之间存在缺口，价格上涨，但由于价格上涨和需求减少导致的预期产能利用率增加无法弥补原材料供应中断的影响。

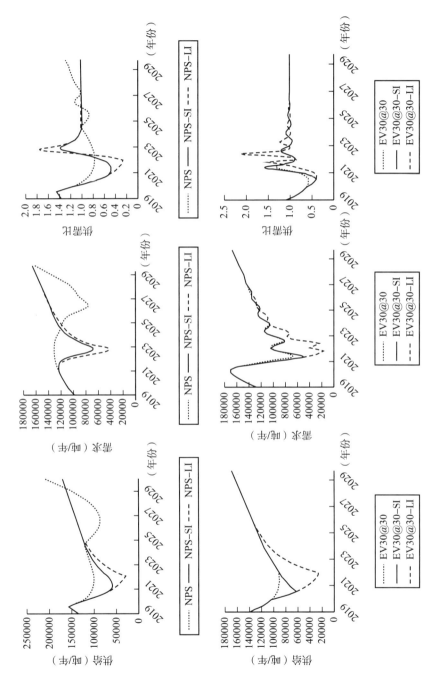

图7-9 供应中断风险下锂供需比（EV30@30，EV30@30-SI，EV30@30-LI场景）

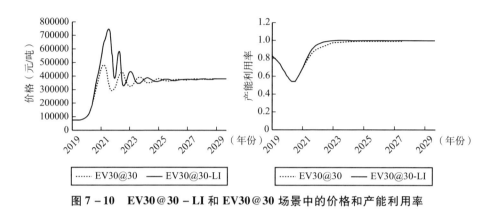

图 7-10　EV30@30-LI 和 EV30@30 场景中的价格和产能利用率

7.2.3　改善措施情景下我国锂供应链的弹性评估

7.2.3.1　弹性改善措施

弹性改善措施有很多种方式，这里从三方面进行探讨：一是促进回收设计。回收设计在增强锂供应系统的结构强度方面起着重要作用。目前，社会上锂资源的回收率较低，主要原因是动力电池中包含许多贵金属，锂相较于这些金属经济性较低。当社会选择回收时，加工商选择放弃锂，而选择回收利润更高的其他金属。即使锂的价格上涨，由于当前的技术水平，锂回收也难以获得有意义的结果。因此，设计统一的动力电池回收规范，完善锂资源回收技术，可以为锂资源回收提供较大的空间，可以增加锂资源的二次供应，增强锂供应系统的弹性。

设计两个回收率较高和较低的回收场景。在高回收率场景中，2030年目标回收率是 0.5，在低回收率场景中，2030 年目标回收率是 0.2。回收利用变化始于 2020 年，主要是因为回收利用设计需要一定的时间才能完成，并且总体上呈直线上升趋势。具体变化如图 7-11 所示。

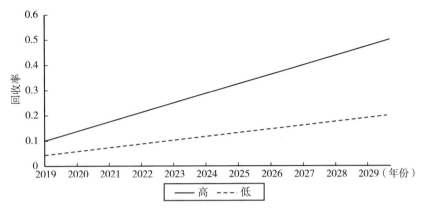

图 7 - 11　高回收率场景和低回收率场景的回收率设计

二是库存储备和释放。战略储备的建立有助于减少供应中断的影响，如果供应出现问题或当价格超过限定值时，可以通过释放储备增加供应，从而减轻供需缺口过大而产生的压力并推动价格下跌，恢复平稳。但是，它需要在早期储存大量的锂资源。在当前锂资源短缺的背景下，库存储备一方面有可能会促进社会的产能建设，另一方面也有机会增大锂的供需缺口，给供应系统增加压力。

但是，库存储备仍然对供应系统的弹性产生较大的影响，例如，如果选择在进口价格较低时增加进口数量和库存储备，或者在供需缺口较小时选择库存储备，则可以在库存阶段减少对锂供应系统的不利影响。

储备库存阶段和储备提取过程会影响供应系统。当价格低于 50000元/吨且储备库存未达到 100000 吨时，储备库存阶段将工作。此外，当价格高于 200000 元/吨时，战略储备提取过程将起效果。考虑了两个有备用和无备用的备用场景。

三是材料替代。需求系统的弹性体现在材料的替代上。除了锂电池外，我国还有许多其他电池，包括铅酸电池、镍镉电池和镍氢电池等。尽管如此，从性能和成本比较来看，锂电池仍然具有很高的性能，也占据了较高的市场份额。但是，随着各种类型电池的不断发展，动力电池的市场份额也将出现正常的市场波动。弹性动力电池供应系统的一个特点是，当锂电池的价格足够高，并且为了降低电动汽车的成本时，制造商可以选择其他材料的电池以满足社会需求从而减少对锂的需求。因此，材料替代可以缓解锂资源较快的市场价格走势。

因此设计了两个替换场景。一个场景中的替换率为 0.2，而其他场景中的替换率为 0.5。替代率表示出现替代的可能性，本研究设置的替代率不考虑替代品的种类和价格，只是设置单一变量表示替代的存在。替代的发生通过直接影响需求系统来影响模型。

本研究共设置了回收、储备以及替代三个可行的弹性提升措施，为了评估这些措施对锂供应系统的影响，我们将 EV30@30 和 EV30@30 - LI 设置为基础场景，并在此基础上提出 10 个场景来评估改进措施的弹性，其中的场景设置如表 7 - 3 所示。

表 7 - 3　　　　　　　　　策略场景下的场景参数设置

参数	基础场景	回收	储备	材料替代
S1	EV30@30	高	–	–
S2	EV30@30	低	–	–
S3	EV30@30	–	存在	–
S4	EV30@30	–	–	高
S5	EV30@30	–	–	低
S6	EV30@30 - LI	高	–	–
S7	EV30@30 - LI	低	–	–
S8	EV30@30 - LI	–	存在	–
S9	EV30@30 - LI	–	–	高
S10	EV30@30 - LI	–	–	低

7.2.3.2 改善措施情景下的供应链弹性

在 EV30@ 30 和 EV30@ 30 – LI 两个主要场景下检验了三种增强措施对供应链弹性的影响,结果如图 7 – 12、图 7 – 13 和表 7 – 4 所示。从长远来看,设计回收在促进锂供应系统的价格稳定方面具有一定的作用;战略储备在缩小供需缺口、维持供需稳定方面结果显著;替代通过减缓需求的增长速率来提高弹性,但效果不太明显。

回收设计可以在一定程度上增加供应量,促进系统恢复,缓解供需缺口,并提高锂供应系统的弹性。而回收对锂供应系统的影响有以下几个方面的特征。首先,从图 7 – 12、图 7 – 13 中可以看出,在回收工程完成之后,早期的效果并不明显,但回收利用工程完成后,供应量将大大提高。其次,改善程度受回收水平的影响。将 S1 和 S2 相比,低回收率下的供应水平明显不足以实现高回收率,从弹性的值来看,低回收率下的弹性与原始情况下的弹性结果差别不大,没有明显的弹性提升作用,说明弹性提升受回收水平的影响较大。而回收水平的提高受到回收技术和回收成本的严格限制:(1) 消费者的使用行业,例如玻璃、陶瓷等,这些终端使用是分散的,回收不集中,并且回收的质量较差,难以被利用;(2) 社会和交易商对锂的回收和提取热情不高 (Wang and Wu,2017);(3) 存在技术局限性,例如从电池中回收的锂无法重新应用于电池。但是,回收不仅有助于缓解锂供需缺口,而且有助于环境安全,锂资源回收具有巨大的社会潜力 (Sun et al.,2018)。

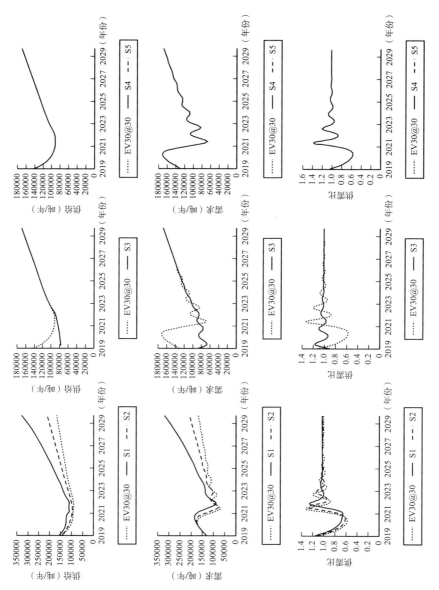

图7-12 在EV30@30基本模型下的改进措施评估结果

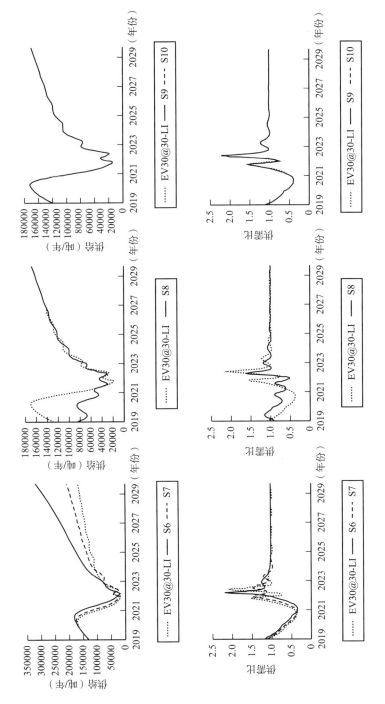

图7-13　基本模型（EV30@30-LI）下的改进措施评估结果

表 7 - 4   在改进场景下对结果绩效指标进行建模

情景	供求比标准差	需求变化比例（%）	供给变化比例（%）	系统稳定所需时间（年）
EV30@30	0.15	—	—	6
S1	0.13	43.90	45.53	4
S2	0.14	13.49	13.90	5
S3	0.04	- 9.17	- 5.37	3
S4	0.15	- 0.49	- 0.01	5
S5	0.15	- 0.17	0.00	6
EV30@30 - LI	0.26	—	—	5
S6	0.26	46.55	45.33	4
S7	0.23	14.35	13.74	4
S8	0.15	- 7.38	- 7.03	4
S9	0.27	- 0.96	- 0.10	4
S10	0.26	- 0.40	- 0.08	5

注：$R_s = average(R_{sd})$，$R_d = average[(D_{Sn} - D_{S0})/D_{S0}]$，$S_d = average[(S_{Sn} - S_{S0})/S_{S0}]$。$R_s$ 表示供需比的标准差，R_{sd} 表示供需比，R_d 表示需求变化率，D_{Sn} 表示 Sn 的需求，D_{S0} 表示 EV30@30 或 EV30@30 - LI 的需求，S_d 表示供给变化率，S_{Sn} 表示 Sn 的需求，S_{S0} 表示 EV30@30 或 EV30@30 - LI 的供给。

战略储备的增加在一定程度上提高了锂供应系统的弹性，其主要特点是提高了锂供应系统的稳定性。增加战略储备场景的锂供应系统供需比的弹性相较其他情景值较高，说明弹性较好，如图 7 - 14 所示。与 EV30@30 - LI 相比，S3 和 S8 中锂的价格更加稳定，这表明储备对市场波动具有一定的缓解作用。另外，如表 7 - 4 所示，EV30@30 中锂供需比的标准偏差为 0.15，而在 S3 中仅为 0.04，说明储备对供需平衡具有良好的调节作用。锂供应系统以较低的锂价格收集储备，并释放储备以高价格供应锂，从而减轻了供需压力，减少了锂系统的损害。储备系统的设计需要大量工作，包括何时何地在何处收集和释放储备，战略储备量是多少以及是否使用政府储备或公司储备。所有这些未知因素都必须进行更深的系统评估。

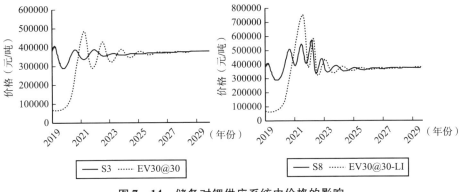

图7-14　储备对锂供应系统中价格的影响

材料替代主要是通过影响需求来增强模型应对的能力，但改进并不显著。通过增加替代的可能性，需求将大大减少，这有助于减少供需缺口。如表7-4所示，与 EV30@30 和 EV30@30-LI 相比，需求的改善表现在 S4 和 S9 中，但对供应的影响相对较小。要更换电池并不容易，因为社会中已经有性能相近的可替代性电池，但是在性能上没有很多的突破，要设计性能优越的电池需要很多的技术支持。此外，可以找到其他锂最终产品的替代品（Miedema et al.，2013）。但是，由于材料的替代取决于技术的进步，因此实际上存在不确定性和复杂性，因为当替代锂的材料存在时，替代产品的成本和储备会影响替代系统的结构。

7.2.4　研究结论

新能源汽车的发展给我国锂供应链带来了需求冲击。锂资源的经济重要性和供应风险增加，因此评估新能源汽车和供应中断影响下的应对能力以及若干改善措施具有重要意义。

通过分析锂供应链在新能源汽车和供应中断的不同影响下的多重反应来说明锂供应链的弹性，通过系统动力学模型，采用动态分析评估我国锂供应链的应对能力，主要使用三种机制来表达弹性，即供给子系统、价格子系统和需求子系统。将新能源汽车的需求、物资供应中断、回收率、储备、替代作为模型场景。

通过仿真可以得出以下结论：新能源汽车需求冲击以及锂原材料中断风险下锂供应系统弹性较差，且需求冲击强，中断时间越长，供应系统弹性越差。在可能提高锂供应系统弹性的措施中，回收设计可以从供给层面提升锂供应系统弹性；战略储备可以有效缓解锂供应系统在冲击下的系统波动；材料替代主要影响需求系统，但对弹性的提升效果较差。

第8章

资源流动下保障我国稀有金属
供应安全的政策建议

本章首先梳理了改革开放以来我国稀有金属相关政策，明确了我国保障稀有金属供应安全的相关政策及其发展脉络；其次，总结了主要发达国家保障稀有金属供应安全的战略并借鉴其经验；再次，基于现有研究结论和相关文献，明确了资源流动下保障我国稀有金属供应安全所面临的挑战；最后，提出保障我国稀有金属供应安全的国家方略与政策建议，其中，政策建议围绕稀有金属资源流动格局和供应安全两个方面展开。

8.1　我国稀有金属相关政策梳理

本研究梳理了改革开放以来我国稀有金属资源相关政策，如有色金属资源政策、产业规划政策、环境政策、外资引进政策和国家发展长期规划政策等。改革开放以来，不论是矿产开发、企业生产经营、销售还是相关生产组织的建设，我国对稀有金属资源的管控仍然属于强计划管理水平。虽然采取了一系列市场化的举措，但实质上并没有放松对稀有金属相关行业的管控。这为明确我国稀有金属需求、有效安排调控供给提供了政治基础。本书将政策归类为稀有金属资源开发、行业管理、产业发展和出口贸易政策四类，具体政策分类如表8-1所示。

表 8 - 1　　我国稀有金属相关政策梳理

政策分类	政策名称	发文字号（或索引号）	稀有金属相关内容
资源开发政策	国务院办公厅关于转发国土资源部等部门找矿突破战略行动纲要（2011—2020 年）的通知	国办发〔2011〕57 号（000014349/2011 - 00153）	以资源相对富集的内蒙古（区）、江西、四川、新疆、广东、广西、福建和云南等省（区）为重点，开展稀土以及稀散、稀散矿产资源战略调查，争取发现新的独立矿床；在已发现稀土以及稀有、稀散矿产资源的成矿区带开展必要勘查以进行资源储备。重点推广稀土多金属矿产、金矿、铂钯矿、锶矿以及铅锌等以及铅锌冶炼过程中产生的稀散金属资源综合利用技术
	国务院关于印发"十二五"国家战略性新兴产业发展规划的通知	国发〔2012〕28 号（000014349/2012 - 00076）	资源循环利用产业关键技术开发，重点开发低品位共伴生矿产资源高效选治，稀贵金属分离提取技术。大力发展稀土永磁、发光、催化、储氢等高性能稀土功能材料和稀土资源高效综合利用技术。积极发展高纯稀土金属及靶材
	国务院关于印发全国国土规划纲要（2016—2030 年）的通知	国发〔2017〕3 号（000014349/2017 - 00019）	积极实施找矿突破战略行动，以铁、稀散、稀散、铜、铝、铅、锌、金、钾盐等矿产为重点，兼顾稀有和重要非金属矿产，完善以市场为导向的地质找矿新机制，促进地质找矿取得重大突破
行业管理政策	国务院关于将钨、锡、锑、离子型稀土矿产列为国家实行保护性开采特定矿种的通知	国发〔1991〕5 号（000014349/1991 - 00061）	钨、锡、锑和离子型稀土矿产分别由中国有色金属工业总公司和国务院稀土领导小组协助国家计委做好分管矿产资源开发的中长期规划和矿区规划，实行有计划的开采，按照先中央后地方的原则，开办全民所有制企业；不适于开办全民所有制企业的零星分散资源，允许集体所有制矿山企业开采，禁止个体（含联户）开采

续表

政策分类	政策名称	发文字号（或索引号）	稀有金属相关内容
行业管理政策	国务院关于全面整顿和规范矿产资源开发秩序的通知	国发〔2005〕28号（000014349/2005-00119）	国土资源部要会同发展改革委、商务部等有关部门按照各自职责，对钨、锡、锑、稀土等保护性开采的特定矿种，进行开采，选冶加工、销售和出口适的专项整治，切实解决超量开采、经营秩序混乱、生产结构失衡、缺乏有效监管，不具备安全生产条件等问题
	国务院关于印发工业转型升级规划（2011—2015年）的通知	国发〔2011〕47号（000014349/2011-00134）	调整优化原材料工业，加强稀土、钨、锡、锑等稀有金属行业管理，整顿和规范勘探、开采、加工、贸易等环节秩序，继续保护性开采与制开采和冶炼产能，大力发展稀有金属深加工。坚持保护性开采与合理利用相结合，严格稀有金属深加工、生产加工、进出口管理
	国务院办公厅关于印发自由贸易试验区外商投资准入特别管理措施（负面清单）的通知	国办发〔2015〕23号（000014349/2015-00049）	稀土和稀有矿矿产采选。外商禁止投资稀土勘查、开采及选矿，矿石样品及生产工艺技术。禁止进入稀土矿产山地质资料，禁止投资钨、钼、锡、锑、萤石的勘查、开采。禁止投资放射性矿产的勘查、开采、选矿。锂矿开采、选矿、属于外商投资限制类
产业发展政策	国务院关于印发"十二五"节能环保产业发展规划的通知	国发〔2012〕19号（000014349/2012-00061）	以共伴生矿产资源回收利用、尾矿稀有金属分选和回收、大宗固体废物大量高附加值利用为重点，推动资源综合利用示范基地建设，鼓励产业集聚，形成以示范基地和龙头企业为依托的发展格局
	国务院办公厅关于营造良好市场环境促进有色金属工业调结构促转型增效益的指导意见	国办发〔2016〕42号（000014349/2016-00123）	进一步提升稀有金属资源的开发及靶材。发展精深加工，着力发展超高纯稀土功能材料、高性能稀土功能基础材料，满足先进装备、新一代信息技术、船舶及海洋工程、国防科技等领域的需求

续表

政策分类	政策名称	发文字号（或索引号）	稀有金属相关内容
产业发展政策	国务院关于印发"十三五"国家科技创新规划的通知	国发〔2016〕43号（000014349/2016-00162）	研究稀有金属、稀土元素及稀散元素构成的矿产资源保护性开发技术，解决冶金属矿产资源选冶过程中环境污染严重、物耗高、资源综合利用率低等问题
出口贸易政策	国务院办公厅转发发展改革委等部门关于加强钨锡锑行业管理意见的通知	国办发〔2005〕38号（000014349/2005-00105）	继续实行钨、锑出口供货企业资格认证制度，商务部要根据国家产业政策，会同有关部门制定和完善出口供货企业的资质条件，严禁出口经营企业采购无出口许可证开采企业的矿产品。要继续实行出口配额管理，进一步优化出口产品配额分配结构，严格控制初级产品的配额比例，提高高附加值产品的出口配额比例；要按照国家产业政策的要求，运用经济手段加强对钨、锡、锑及其制品的出口调控
	国务院关于促进稀土行业持续健康发展的若干意见	国发〔2011〕12号（000014349/2011-00041）	按照限制"两高一资"产品出口的有关政策，在严格控制稀土开采和生产总量的同时，严格控制稀土、铁合金等初级产品出口，有关开采、生产、消费及出口的限制措施应同步实施。严格执行矿产资源法、海关法等有关法律法规的规定，依法加强对稀土的勘查开采、冶炼加工、产品流通、推广应用、战略储备、进出口等环节的管理

8.1.1　稀有金属资源开发政策

我国的稀有金属资源开发政策强调对关键稀有金属矿山进行计划性管理，对优势矿产资源实行开采总量控制，在行政力量为主要抓手的基础上，重视该类矿山的环境保护问题。

为了满足 20 世纪 90 年代经济社会发展和国防建设的需要，我国资源开发政策表示要集中力量解决稀有金属矿产的勘探问题，加强矿产资源开发利用技术的研究，为当时国家的发展提供资源保障。随着矿山环境污染、安全保障能力低等问题频发，国家开始整顿矿山，对矿产开发提出了更高的要求。依法整顿关停了一批不符合规定的矿山，改善了矿山安全生产条件。可以看出，当时我国稀有金属矿产的国内矿山供给的经济效应优先于环境效应。在新技术革命背景下，我国稀有金属矿产需求不断增长，国内矿山稳态供应仍有很大的提升空间。

通过相关矿产相关政策的梳理，发现对重要矿产资源勘探有所加强，并对矿产开发的环境效应提出了更高的要求。例如，推进矿产资源综合利用示范基地和绿色矿山建设，带动矿产资源领域循环经济发展。国家对于稀有金属矿产开采过程越来越强调稀有金属产业对环境的影响。此外，在计划性管理之上开始完善以市场为导向的地质找矿机制。

8.1.2　稀有金属行业管理政策

我国近年来对稀有金属行业的管理不断加强，对稀有金属行业提出了较为严苛的行业准入门槛，对勘探、开采、加工、贸易等环节秩序进行整顿和规范。

生产管理方面，1991 年国务院根据当时矿产资源供需形势、市场变化等情况，分别将钨、锡、锑、离子型稀土确定为保护性开采的特定矿种，实行有计划的开采，开采原则是先中央后地方，且禁止个体开采。长期以来，由于政策管理的不到位，乱采滥挖、偷挖盗采等不规范行为在这些优势矿种的勘探和开采环节中频发，对我国稀有金属矿产的储量和稳定供应带来了挑战。因此，国家对钨、锡、锑、稀土等特定矿种的开采和选冶等环节进行全面整顿和规范，切实解决超量开采、经营秩序混乱、生产结构失衡、缺乏有效监管和不具备安全生产条件等问题。

行业准入方面，稀有金属相关生产企业以国营企业为主要的所有制形式，稀有金属相关领域投资和合营被严格限制。2015 年发布的《国务院办公厅关于印发自由贸易试验区外商投资准入特别管理措施（负面清单）的通知》也明确指出多种稀有金属的开采、选矿均属于限制投资类，严格限制外来投资参与到稀有金属矿产的开采、选矿的经营和控制当中。

8.1.3　稀有金属产业发展政策

我国稀有金属产业总体上比较分散，企业规模较小。为此，政府发布相关产业发展政策要求推动稀有金属资源综合利用基地建设，鼓励产业集聚，形成以示范基地和龙头企业为依托的发展格局。为满足航空航天、国防科技等领域的资源需求，政策要求进一步提升稀有金属资源开发利用水平，发展稀有金属精深加工技术，提高产业附加值。

我国稀有金属产业发展政策要求关注稀有金属产业所引发的环境问题和回收利用问题。相关政策要求回收利用尾矿稀有金属，解决稀有金属矿产资源选冶过程中环境污染严重、物耗高、资源综合利用率低等问题。此外，相关政策要求加强稀土等资源保护力度，合理控制开发利用规模，促进新材料及应用产业有序发展。严格限制高污染项目建设，推动有色金属冶炼、皮革、电镀、铅酸蓄电池等行业技术更新改造，减少污染排放。稀有金属企业的物料供给来源在强调进口作用的同时，要求自给保障，合理控制开发利用规模，从而在新技术革命背景下促进新材料及应用产业的有序发展。

8.1.4　稀有金属出口贸易政策

早期，我国对钨、锡、稀土、锑等产品的出口实行出口配额管理，严格控制出口产品的出口配额比例，加强对稀有金属产品的出口调控。然而，近年来，以美国和欧洲为首的发达国家和地区对我国原材料出口关税、出口配额、配额管理、出口许可、出口价格协调等提起世贸组织争端解决机制下的磋商请求，迫使我国改变稀土及稀有金属的出口政策。

综合考虑世贸组织的相关裁决和结合我国稀有金属管理制度改革，长达十多年的出口配额限制和出口关税制度被迫取消，我国稀缺矿产贸易政策再次做出重大调整，开放出口贸易政策。2015 年 1 月，我国商务部宣布取消稀土、钨、钼等产品的出口配额管理，2015 年 5 月又进一步取消了稀土、钨、钼等产品的出口关税，并取消了对钼出口企业的资质管理。

按照限制"两高一资"产品出口的有关政策，政府严格控制稀土金属和矿产品等的出口，严格执行矿产资源法、海关法等有关法律法规的规定。为保证国家重点生产建设需要和战略储备，提出要抓紧研究和制定完善稀有金属有关的法律法规，加强对稀土等资源的进出口贸易管理。

总体来看，相较于发展初期，近年来我国稀有金属管理政策有所改善，但是还存在以下问题尚待解决。

（1）部分稀有金属矿产缺乏专门的管理政策。我国将钨、锡、锑、离子型稀土纳入保护性矿种，但是钼以及其他稀有分散金属等缺乏具体有效的管理方法，尤其是共生、伴生资源管理方面的相关法律法规，导致政府在实施管理工作时处于被动地位。

（2）稀有金属产业结构不合理。我国稀有金属产业结构比较松散，企业规模较小，存在严重的低水平重复建设问题。同时，稀有金属产品附加值低，出口仍以初级冶炼产品为主，部分高附加值产品尚需进口，产业结构亟待升级。

（3）尚未建立稀有金属矿产战略储备制度。我国稀有金属资源禀赋虽然很好，但是很多处于过度开采当中，优势资源的产品大部分用于出口。这种"大生产、大出口、少储备"的模式不利于我国稀有金属资源的储备，导致我国稀有金属保障年限低于全球保障年限，资源禀赋优势渐渐减弱。同时，由于我国稀有金属出口价格低廉，导致很多资源型国家放弃开采直接进口我国稀有金属产品，如美国。因此，政府需要推出优惠政策来积极引导企业对初级产品进行精深加工，增加出口产品的附加值。

8.2　资源流动下保障稀有金属供应安全的国际经验借鉴

梳理完我国稀有金属相关政策并分析总结其存在的问题之后，下面总结主要发达国家保障稀有金属供应安全的相关战略。鉴于稀有金属对于国家安全和经济安全的重要性，发达国家建立了相对比较完善的稀有金属战略管理体系来对稀有金属进行有效的控制，保障其供应安全。与发达国家相比，我国稀有金属战略管理方面还存在一定的差距，缺乏安全意识。因此，有必要通过总结发达国家相关战略并借鉴其经验来帮助我们更有效地保障我国稀有金属供应安全。

8.2.1　主要发达国家稀有金属供应安全保障战略

为应对稀有金属资源供应约束，保障稀有金属供应安全，发达国家纷纷实施"再工业化战略"，日本出台了"稀有金属保障战略"，美国实施"美国先进制造领先战略"，德国推进"工业 4.0 战略"，英国和法国分别实施"英国工业 2050 战略"和"新工业法国战略"等，都把"重振制造业"的重点放在了新能源、新材料等战略性新兴产业上，而这些产业恰恰是稀有矿产资源应用的主要领域，全球竞争加快促使全球矿产资源争夺的重点从大宗矿产转向稀有金属，从而使稀有金属资源需求急剧增长。美国、日本和韩国等主要发达国家相继通过法案，加强战略性稀有金属的国家储备，提升供给综合保障能力，意在逐步降低对我国等稀有矿产品主要进口方的依赖。

具体而言，美国构建"全球供应链多元化"保障体系，日本实行"海外投资立国"战略，韩国开展"资源外交"战略，俄罗斯推进"自给自足"战略。

（1）美国构建"全球供应链多元化"保障体系。

美国是矿产禀赋丰富的国家，同时也是重要的稀有金属消费国和贸易国。美国稀有金属对外依存度较高，消费依赖进口，凭借其强大的经济实力和军事实力，在全球构建了多元、多层次的稀有金属资源保障体系。全球供应链多元化被美国认为是其降低供应风险的关键。2019 年美国与加拿大、澳大利亚、巴西、刚果民主共和国、秘鲁、菲律宾等 9 个国家共同通过《能源资源治理倡议》，意欲通过与盟友、合作伙伴的贸易获取关键矿产，并促进稀土、锂、钴等其他资源的开发，减少高技术材料对国外进口依赖度。

关键矿产主要是美国和欧盟等西方发达国家提出的概念，2018 年美国公布了《关键矿产清单（草案）》，主要包括锂、铍、钽等在内的 35 种原材料，这些原材料被定义为关键矿产。美国也是全球最早进行矿产储备并且储备品种最多的国家，建立了较为完备的战略资源储备制度，还在不断增加资源储备的品种和数量。美国稀有金属资源战略储备由联邦总务管理局管理，主要分为两种类型的战略储备，即商业储备和国防储备。美国稀有金属资源政策是先用别国资源，尽力保存自己的资源。本国资源只探不采，储备来自海外，对外依存度高，构建了多元化的全球稀有金属资源供应链体系来保障供应安全。

（2）日本"海外投资立国"战略。

随着稀有金属相关的战略新兴产业的迅速发展，日本是稀有金属资源的主要消费大国，又是矿产资源极度匮乏的国家之一，保障稀有金属资源的稳定供应是日本政府和日本企业的共同目标。日本采取政府主导稀有金属贸易、在周边寻找稀有金属供应国、通过多元化手段获取稀有金属、加强对海洋稀有金属资源的勘探、开发利用稀有金属的替代产品等各种应对之策，以保障其稀有金属的稳定供给。

日本政府于 2009 年出台了《稀有金属保障战略》，考虑到不同矿种的勘查开发状况、技术研发进展、工业需求动向等，将锂、铍、钽等在内的 31 个矿种作为优先考虑的战略矿产。目前，日本已有的保障稀有金属稳定供应的战略重点包括：保障海外资源、回收利用、开发替代材料和战略储备四个方面，该国以综合战略解决稀有金属资源供求问题。

保障海外资源对策方面，在日本企业进军海外的同时，要重点解决资源勘探风险加大、国际资源权益竞争激烈、资源民族主义抬头、投资规模扩大化的问题。回收利用对策方面，日本在稀有金属资源回收方面取得了重大的进展，在发展"都市矿山"上处于世界领先地位，但当前必须致力于回收系统建设、稀有金属提取技术的开发等问题的研究。开发替代材料方面，必须致力于凝聚日本科技界的力量，推进纳米等尖端技术的研发等。战略储备方面,日本形成了"官民结合"的稀有金属资源储备战略来满足国内生产需要和战略应急。

(3)韩国开展"资源外交"战略。

韩国面积较小,自然资源匮乏,工业原料,尤其是石油、稀有金属等资源,几乎需要全部从国外进口,主要从海外获取战略资源。韩国政府和民间企业积极开拓海外资源市场,获取充足石油、天然气等重要资源,以确保国家战略资源储备充足。2010 年初,韩国出台了"强化海外资源开发力度方案",将非洲等重要国家纳为进行资源、能源合作的重点对象,积极开展资源、能源外交,保障韩国的资源安全。为此,韩国将俄罗斯、中亚、非洲和拉美作为资源外交的四大战略区域,通过领导人出访和签署经济合作协议等方式,寻求扩大海外资源的开采份额。

当前稀有金属的需求激增,各国钴、镍等稀有金属的竞争日趋激烈。由于稀有金属的蕴藏和开采主要集中在部分国家,供求存在不确定性。2021 年 8 月,韩国发布了"稀有金属产业发展对策 2.0",将重点放在确保稀有金属的供应链稳定方面。为确保稀有金属的供应稳定,韩国政府决定将稀有金属平均储备量增加一倍,确保可供 100 天使用的储备。此外,韩国政府将与稀有金属生产国加强供应链合作,并推进企业海外资源开发支援项目,帮助企业勘查开发资源和确保矿权。政府还将加大回收利用稀有金属等废弃资源的力度,并计划到 2025 年发掘并培育 100个稀有金属核心企业。

(4)俄罗斯"自给自足"战略。

俄罗斯幅员辽阔,稀有金属资源丰富,资源开发和军工生产能力很强,其主要战略物资和军工产品基本上能自给自足。为保障战时所需,俄罗斯在境内也储备了大量的原油、钢铁、稀有金属等战略物资。

为保障俄罗斯稀有金属资源供应安全,满足国民经济发展对稀有金属矿产的需要,必须提高俄罗斯矿业的竞争力,其大致方向是提高稀有金属的采矿和加工工艺，提高原料的综合利用水平。

8.2.2　国际经验借鉴与启示

我国稀有金属资源保障能力较弱，对国际稀有金属资源的控制能力不足，国际话语权较弱，供应安全存在风险。要想保障资源流动下我国稀有金属供应安全，就需要借鉴国际上的一些经验，提升对稀有金属资源的国际话语权，保障资源的供应安全。从上述发达国家保障稀有金属资源战略来看，主要措施包括加强战略储备、鼓励海外投资和利用多边贸易平台等。具体来说，可以借鉴以下经验：

（1）官民联动获取海外矿山的勘探和开发权。

日本自身稀有金属矿产资源比较匮乏，因而积极寻求资源国的供应。为开辟新的供应渠道，日本通过信息搜集能力初探稀有金属资源丰富的国家，通过经济援助的方式，向资源国派遣调查团，搜集资源国的信息。日本企业会尽最大的努力取得海外矿产的勘探和开发权直接参与稀有金属资源开发。这样便形成了官民联动获取权益来直接参与海外矿山的资源开发，从而缓解稀有金属资源供应紧张的趋势。

目前，日本企业在海外已经获得包括菲律宾的镍、钴矿，印度尼西亚的镍矿，新喀里多尼亚的镍矿，南非的铬、锰、钒矿，我国的锰、锶、镓矿，加拿大的钼矿，葡萄牙的钨矿，墨西哥的铟、锶矿，以及秘鲁和玻利维亚铟矿的勘探和开发权。通过官民联动的方式获得了很多海外矿山的勘探和开发权，保障了稀有金属资源的供应安全。

（2）强化储备意识，构建多方储备机制。

我国一直缺乏一套科学、明晰的规划，导致我们稀有金属矿产资源的开发利用和储备方面缺乏储备意识，受短期经济利益的吸引，不惜消耗优势矿产资源进行出口创汇。从发达国家的经验可以看出，民间储备的灵活性、区域性和时效性等特点是国家矿产储备体系中不可或缺的重要部分。一方面，民间储备可以分担政府财政上的负担；另一方面，民间储备有利于实现矿产储备的市场化运作，起到稳定市场的作用。国家储备和民间储备可以择优选择多种形式的合作方式，实现矿产资源储备有效性的最大化。

同时，考虑我国各地区的区域性特征，建议采取东部、中部、西部相辅相成的不同重点储备策略，按照地区发展特点，形成优势互补的联合储备结构。健全稀有金属资源战略储备机制，着眼维护国家经济安全及保障战时所需，为国家提供资源保障。

（3）明确立法，用法律的刚性保障稀有金属矿产资源储备的权威性。

稀有金属资源的战略储备需要一系列相关的法律法规保障作为前提。目前我国稀有金属资源战略储备的"硬件"建设正在迅速开展，然而相关法律法规制度的空白导致战略储备的实践中缺乏"软件"进行保驾护航，导致稀有金属资源战略保障出现"无法可依"的局面。因此，政府可以颁布一系列稀有金属资源战略储备的法律，明确划分和界定稀有金属资源储备的目的、目标、方式、管理机构及职责等，用法律法规的刚性来保障稀有金属矿产资源战略储备的权威。

（4）开展"资源外交"，提高国际话语权。

韩国资源匮乏，稀有金属资源供应主要依赖海外投资获取，积极开展资源能源外交，把"走出去"参与全球矿产资源开发作为政治、经济外交活动重要任务目标加以考虑。因此，政府可以通过"资源外交"，拓宽全球稀有金属资源贸易的对象，积极参与到全球稀有金属资源的勘探和开采当中，提高国际话语权。这一方面能保障我国稀有金属的稳定供应，另一方面能保存我国稀有金属资源。

（5）限制稀有金属资源出口，防止资源被他国控制。

对稀有金属等资源性产品，发达国家都是采取一致行动，限制出口。

美国稀有金属矿产资源禀赋高，但是对本国的矿产进行封存，只探不采，通过进口来满足本国的生产和消费需求。为了保护本国资源，美国很早就封存了国内较大的稀土矿——芒廷帕斯矿。为防止对战略性稀有金属的过度开发和过度竞争，政府可以制定一系列出口限制政策来保护我国资源，防止资源被他国控制。

（6）利用话语权营造有利的国际贸易环境，改善战略性矿产资源的供给条件。

主要发达国家注重在世界贸易组织（WTO）体系下，充分利用在国际贸易规则制定和运用中的话语权，营造有利的贸易环境来改善稀土等战略性矿产资源的供给条件。美国和欧盟就我国政府限制钨、锑、稀土等9种稀有金属原材料出口的措施高调"发难"，以美欧为首的发达国家共同向世界贸易组织对我国提起诉讼，对我国原材料出口关税、出口配额、配额管理、出口许可、出口价格协调等提出争端解决，迫使我国改变稀土及稀有金属的出口政策①。发达国家利用其话语权来迫使我国改变稀有金属出口贸易政策，以便它们能更有利地从我国进口稀有金属产品。

8.3 资源流动下保障我国稀有金属供应安全面临的挑战

通过梳理我国稀有金属相关政策和主要发达国家保障稀有金属供应安全战略，基于已有研究结论和参考相关文献，明确了保障我国稀有金属供应安全所面临的挑战。

---

① 张锐. 欧美联手发难中国稀有金属出口 ［J］. 中国经济日报，2009.

8.3.1　全球稀有金属资源集中分布形成寡头供应格局

资源禀赋因素是保证一个国家或地区稀有金属供应安全的基础，稀有金属资源的分布比较集中，主要由少数国家或地区供应，从而形成了寡头垄断的供应模式。澳大利亚、智利和阿根廷供应了全球近90%的锂原料，目前全球锂资源的供应仍处于供需平衡状态，但从中长期来看可能会变得紧张（王秋舒和元春华，2019）。刚果民主共和国和卢旺达等国家钽矿资源储量丰富，而世界其他国家储量较少，全球钽矿的生产和消费呈现波动上升的趋势。稀有金属资源相对垄断的供应结构使供应方处于有利的定价地位，拥有更多的定价话语权。作为全球最大的锂消费国，我国锂资源的对外依存度较高，寡头垄断的供应格局使我国在进口锂资源时处于相对不利的地位。

全球稀有金属资源分布不均衡，各个国家和地区对稀有金属资源的需求稳步增长，导致稀有金属资源在全球范围内流动和重新配置，形成了全球稀有金属激烈竞争的局面。资源流动和资源保护主义问题加剧，我国企业开始积极实施"走出去"战略。虽然我国企业已经在中国境外掌握了一些高质量的稀有金属资源，但还没有掌握国际定价权，其话语权也很有限。在目前的稀有金属资源治理体系下，稀有金属资源价格的波动等因素加剧了我国稀有金属资源的供应风险，不利于保障我国稀有金属的供应安全。

8.3.2　国内稀有金属资源供应能力有限且对外依存度较高

我国拥有较为齐全的稀有矿产资源品种，但大部分资源禀赋不佳导致供给不足，在经济发展新常态下，我国资源供给的结构性矛盾越来越明显，矿产等资源面临着对外依存度高的问题。对外依存度高将导致稀有金属矿产资源进口缺乏保障，从而对我国的稀有金属供应安全构成一定威胁。全球稀有金属竞争激烈的态势与我国稀有金属对外依存度高的现状导致我国稀有金属资源供应面临巨大风险，而且这种风险将长期存在。

锂资源方面，锂资源生产成本高、应用技术落后、产业集中度低、缺乏大规模产业等问题限制了我国锂资源的开发和利用，无法满足我国对锂资源的需求。钽资源方面，我国的钽资源品位低，开采难度大，现有开采量也难以满足国内需求。因此，我国钽资源主要依靠进口，对外依存度高。

综上，国内稀有金属资源供应能力有限且对外依存度较高给我国稀有金属供应安全带来了巨大的挑战。

8.3.3　新技术革命使得稀有金属成为各国竞争的焦点

稀有金属作为"电子金属"，是未来全球经济结构调整和产业结构升级的关键，也是未来提高国家竞争力的关键。锂资源不仅是一种重要的战略矿产资源，也是一种能源金属，是可持续发展的战略金属之一。随着新能源产业的发展和可控核聚变技术研发的不断突破，锂资源的战略地位不断提高。为应对气候变化，落实碳中和共识，低碳转型和新能源已成为国际发展的热点话题。锂资源作为新能源汽车电池的重要材料，必将成为低碳经济的关键角色。

新技术革命推动了以锂资源为代表的稀有金属资源的开发和勘探，引发了各国在稀有金属资源领域日益激烈的竞争，导致对稀有金属的需求迅速增加。发达国家开始在全球稀有金属市场上争夺优质资源，这不利于保障我国稀有金属的供应安全。

8.3.4 绿色发展和生态文明建设对我国稀有金属持续供应造成挑战

建设生态文明是中华民族的百年大计，要实现绿色发展，就必须处理好人与自然的关系。我国经济的快速增长伴随着稀有金属资源的过度消耗和环境污染，我国的生态环境越来越脆弱，稀有金属开采与环境保护之间的矛盾越来越突出。在新的经济发展阶段，为了 2030 年前实现碳达峰，2060 年前实现碳中和，政府对稀有金属矿产的开发和利用提出了许多新的要求。为推动重点行业环境友好型升级改造项目的发展，我国相关环境政策规定，稀有金属要实现绿色低碳的矿产开采过程，推进节能改造和污染物综合治理。

稀有金属矿产的开发和开采过程会对生态环境产生严重影响，会造成一些不可避免的生态破坏和环境污染问题，如土壤沉降、水土流失、植被破坏和矿区生态系统的破坏等。稀有金属开采是污染最严重的行业之一，稀有金属矿产的开采面临着严格的环境限制，这已成为限制稀有金属供应的重要因素（沈镭，2020）。严格的环境限制导致一些矿山关闭，造成国内稀有金属矿产供应的减少和战略矿产的短缺。因此，需要积极寻求新的更绿色、更低碳的矿产开采模式，以减轻对生态环境的影响。

8.3.5 贸易保护主义导致海外稀有金属供应不稳定

在经济全球化的背景下，任何国家或地区都不可避免地受到其他国家贸易政策的影响，不稳定的政策环境会威胁到国外稀有金属供应的稳定性。2017 年贸易保护主义兴起，世界各经济大国先后出台稀有矿产品战略储备制度来维护本国的战略地位，大国之间的资源博弈愈演愈烈，中美贸易摩擦等因素导致我国稀有金属资源供应安全波动性增强，供应安全受到威胁。

8.4　保障我国稀有金属供应安全的政策建议

针对资源流动下我国稀有金属供应危机所面临的挑战，本研究提出相应的政策建议来对我国稀有金属供应安全战略和政策进行调整与优化，下面从稀有金属流动格局和供应安全两个方面展开。

8.4.1　基于稀有金属流动格局的政策建议

8.4.1.1　构建全方位"世界稀有金属资源网络"，争取定价话语权

全球稀有金属资源供应格局正逐步呈现多元化，尤其在我国"一带一路"倡议的带动下，非洲、东南亚等国家逐步成为稀有金属矿产资源供应地，原有的供应格局正在发生改变。在全球稀有金属流动格局不断变化的背景下，我们要从多重视角加强与全球稀有金属网络的"领头羊""中心行动者"及"中介者"的合作，构建一个全方位合作的"世界稀有金属资源网络"，争取全球稀有金属资源的定价话语权。

一方面，打造稀有金属进口来源多元化、合作方式多样化的贸易新模式，提高我国在稀有金属流动网络中的节点中心度。应进一步加强与美国、德国等锂资源"中心行动者"和"中介者"以及美国、日本等钽资源"中心行动者"和"中介者"的合作，提高我国在世界稀有金属流动网络中的接近中心度和中介中心度。

另一方面，提升我国在全球稀有金属流动网络中的核心地位。同时，要争取稀有金属资源定价话语权，积极参与稀有金属资源的定价环节，推进世界稀有金属期货市场的建设。

8.4.1.2　拓宽我国稀有金属资源的市场渠道，寻求进口来源多元化

过分依赖稀有金属资源已有的贸易伙伴，可能会因贸易对象国家的选择不当以及贸易的不稳定，从而导致不必要的贸易损失。为加强并完善进口战略通道布局，我们既要巩固既有战略通道，又要积极稳妥地建设新通道。应适当增加贸易伙伴的多样性，积极寻找更多的潜在贸易伙伴国，不断丰富稀有金属进口来源的多样性，促进国内国际稀有金属资源"双循环"。通过国内国际"双循环"拓宽稀有金属资源可获取边界、提升关键稀有金属全球配置力，保障稀有金属资源供应安全。

我国可以充分利用在稀有金属资源贸易中的核心作用和密切的伙伴关系，通过巩固现有的亚洲市场，积极拓展稀有金属贸易市场，充分利用"一带一路"倡议带来的发展机遇，加强与中亚、西亚和中东欧等国家稀有金属产品的进出口贸易。此外，可以与"一带一路"沿线稀有金属工业较发达的国家广泛开展生产工艺、技术方面的合作与交流，积极引进他国的先进工艺技术、生产设备等，进而推动我国稀有金属工业产品高端化，提升产品的性能和附加值，提高我国稀有金属工业企业的国际竞争力。

8.4.1.3　减少贸易壁垒，促进"一带一路"稀有金属流动网络发展

国家间的贸易壁垒限制了各国之间的进出口贸易，降低了市场选择

的自由度。我们应减少稀有金属的贸易壁垒，提高"一带一路"稀有金属贸易活动的畅通度，推动流动网络发展。推进与沿线国家的自贸协定谈判，采取减免关税、取消贸易壁垒等措施，增强与"一带一路"沿线国家稀有金属产业间贸易流动网络的自由化和便利化程度。

一方面，提高稀有金属相关产品开发及生产技术水平，有利于充分利用稀有金属资源，降低产品的生产成本，从而有效应对稀有金属贸易的非关税壁垒，提升稀有金属贸易竞争力，进一步提高我国在稀有金属对外贸易中的风险防范能力，掌握"一带一路"稀有金属贸易的主动权。另一方面，我国政府应借助政策沟通，尽可能地减少与其他沿线国家的贸易壁垒，促进与其他国家之间的稀有金属贸易联系，增强"一带一路"稀有金属流动网络密度，逐渐打造成一个更紧密相连的利益共同体。

8.4.2　基于稀有金属供应安全的政策建议

8.4.2.1　加大研发投入，强化技术对稀有金属矿产开采的促进作用

虽然我国稀有金属矿产资源充足，但矿物开采技术难以实现对低品位矿产和混合矿产进行经济有效的开采和有价值的开发，大大限制了国内稀有金属的供应。需要不断发展和提高技术水平，使稀有金属矿产的勘探水平达到新的高度，为增加稀有金属矿产的探明储量提供更大的机会。需要加大资金和人才的研发投入，加强科技对稀有金属矿产开采的推进作用，提高国内稀有金属的自给率。

我国稀有金属矿产分布不均，主要集中在内蒙古自治区、山东省和江西省等处。我国东部省份处在技术前沿，而中西部省份技术较之差距

明显，地区间的技术差异导致矿产开发的全要素生产率较低。为了缩小这种差距，我们一方面要加强区域间的合作和产业技术交流，以东部地区来带动西部地区的技术发展，从而缩小东西部技术的差异；另一方面，东部地区要进一步提高全要素生产率，强化空间溢出效应。除此之外，政府可以对西部地区提供更多的政策支持，加大对西部地区的转移支付力度，积极引导资金、人才和设备向西部地区流动，推动西部地区的技术发展。

8.4.2.2　完善稀有金属资源开采、加工和利用过程中的生态环境保护措施

我国稀有金属开采、加工和利用环节大部分对矿山周边的生态环境造成了污染。为了响应国家的绿色发展和生态文明建设，采矿企业需要不断加快绿色开采技术的研究，从而实现我国矿业的可持续发展。

为推行绿色开采模式，政府可以制定相应的开发管理条例来严格控制稀有金属矿产的开采对环境的影响。建立和完善生态补偿机制，全面落实矿山环境治理和生态恢复责任，将产业链上下游利益联系起来，提高上游开采对生态系统保护的积极性，实现经济、社会和生态的良性循环。就钽资源而言，建议政府对钽矿的开发和综合再利用采取优惠政策，鼓励企业对钽矿资源产品进行综合再利用，并建议对钽矿资源的税收和增值税进行豁免或减征。

8.4.2.3　加大循环回收力度，利用二次资源缓和原生矿供应风险

稀有金属原生矿获取的不确定风险较大，原生矿供给不足会加大稀有金属的供应风险。可以考虑国内的循环回收作为稀有金属的二次资源供给，以此来缓和由于原生矿供给不足导致的供应风险。稀有金属回收

是保障供应安全、高效、可持续的发展方式。

政府应加大循环回收力度，制定适当的政策，促进稀有金属的回收利用，并加大对回收利用技术研究开发的投放力度。鼓励企业在产业链的各个环节提高终端产品的回收率，减少资源浪费，使二次回收成为我国稀有金属资源需求的重要来源。就锂资源而言，废弃的锂电池造成了巨大的环境污染，这也是对再生锂资源的浪费。政府应通过管理措施提高锂资源的回收率，尽快出台相应的锂电池回收政策，并鼓励和引导企业对锂电池进行回收和综合利用。

8.4.2.4　建立我国稀有金属资源开发长远战略规划，加大资源战略储备

我国目前已成为全球最大的锂消费国之一，随着新能源产业的快速发展，未来对锂资源的需求将大幅增长。近年来，我国的锂原料大部分来自从澳大利亚进口的锂辉石，进口量约占国内原料供应总量的60%，对外依存度不断攀升。然而，稀有金属的国际市场并不总是稳定的，资源贸易常常会受到战争或政治等问题的冲击而减小额度甚至中断，这对依赖稀有金属进口的国家来说是一个严重的打击。为保障稀有金属资源供应的安全性和可持续性，打破海外矿业寡头的垄断地位，我们需要加大稀有金属的战略储备，制定长期的战略规划。

从战略角度来看，我们首先需要明确稀有金属资源是重要的战略矿产，制定严格的稀有金属资源开发和保护管理条例。国家应出台一部国家稀有金属储备法，将锂、铍、钽等稀有金属纳入国家储备体系当中。与此同时，可以借鉴美国、日本等国的做法，将一些稀有金属矿山进行搁置，不予开采，来保护我国稀有金属资源。对事关国计民生的矿产以及稀有、稀散矿产，要由政府或者受委托的国有企业来进行勘探，形成一批重要的矿产开发基地并纳入战略储备。其次，要制定长期的稀有金属资源开

发战略规划，增加稀有金属资源的战略储备，建立不同类型的国内外稀有金属资源多元化供应体系，防止稀有金属资源供应的意外中断。

8.4.2.5　关注并布局资源禀赋好的海外上游资源

参与国际稀有金属贸易合作，充分利用境外资源，加强资源境外勘探开发合作。积极介入全球重大稀有金属资源项目，增强对境外资源的掌控能力。从产业链角度来看，应关注布局资源禀赋好的海外上游资源，通过企业持股、并购等方式加强对来源的控制，保持对稀有金属原材料的主动权和控制权，提高对最终产品的话语权。

钽资源方面，应尽快建立国外钽资源产品供应链，合理利用国外钽矿资源，重点保障非洲国家，特别是埃塞俄比亚、布隆迪、刚果共和国、刚果民主共和国、津巴布韦、卢旺达、莫桑比克、南非、尼日利亚、坦桑尼亚等国家的钽矿资源的供应安全。建议将勘探公司、采选企业、风险投资公司和法律咨询机构联合起来，组成一个钽业公司。政府应向这些公司提供一定的政策支持，鼓励它们积极参与尼日利亚、纳米比亚、莫桑比克、卢旺达和刚果民主共和国的稀有金属矿产勘探和开发项目。

8.4.2.6　采取精细化的海关征管措施，监管稀有金属的进出口贸易

政府应该发挥宏观调控的作用，采取更加精细化的海关征管措施，更好地监管稀有金属的进出口贸易。根据我国限制"两高一资"类商品出口的指导方针，要逐渐淘汰落后产能，切实提升稀有金属矿产的冶炼能力以及深加工产品的出口。政府应制定专门的优惠政策来精准扶持稀有金属行业，积极引导企业对出口的稀有金属初级产品进行精深加工，从而创造更多的附加值。

政府部门应该实施严格的加工出口贸易政策、适当缩减或者是取消

出口退税率、征收出口关税或者是出口配额及许可证来有效降低稀有金属出口企业的资金和成本，调整国际稀有金属的比价关系，进而影响我国稀有金属生产的产品结构。根据稀有金属稀缺性的特性和国家稀有金属战略储备计划的需要，国家可以通过降低进口关税和支持稀有金属企业"走出去"的政策，鼓励企业进口国内缺乏的稀有金属原料及其产品，积极引进国外先进的生产加工设备及其工艺，选择适合企业自身能力和特点的方式"走出去"，更好地利用境外稀有金属资源。

8.4.2.7　加强风险预警，不断提高稀有金属资源储备与风险应对能力

新冠疫情全球肆虐、贸易保护主义不断抬头等事件给全球稀有金属资源的供应安全带来了挑战。在充满挑战的国际形势下，我们要加强风险预警，不断提高稀有金属资源储备和风险应对能力来保障稀有金属资源的持续稳定供应。

一方面，要加快稀有金属储备能力建设，提高风险应对能力和安全保障能力。加强稀有金属的国家战略储备，强化社会储备责任，从而能够在国际稀有金属资源供应链中断的情况下保障国内的生产需求。完善不同类型储备的管理、调用运行机制，为国家中长期稀有金属资源安全保障做好战略储备。

另一方面，要构建稀有金属资源供应风险预警与监测体系，综合研判风险来源，并对潜在风险进行预警。科学制定安全分级应急预案，提升供应安全风险预判与应对能力。脆弱性是矿产资源供给风险预警的基础，矿产资源供应市场易受多种因素的影响，且这些因素很大程度上是个别国家或组织无法控制的。结合新时代背景下稀有金属矿产资源的市场风险、技术风险、产业风险、环境风险等构建动态安全评价模型与预警机制，尤为重要。

附　录　A

国家和地区代码对照表

代码	国家或地区	代码	国家或地区	代码	国家或地区
4	阿富汗	70	波斯尼亚	152	智利
8	阿尔巴尼亚	72	博茨瓦纳	156	中国
12	阿尔及利亚	76	巴西	162	圣诞岛
16	美属萨摩亚	84	伯利兹	170	哥伦比亚
20	安道尔	86	英属印度洋领地	174	科摩罗
24	安哥拉	90	所罗门群岛	175	马约特
28	安提瓜和巴布达	92	英属维尔京群岛	178	刚果共和国
31	阿塞拜疆	96	文莱	180	刚果民主共和国
32	阿根廷	100	保加利亚	184	库克群岛
36	澳大利亚	104	缅甸	188	哥斯达黎加
40	奥地利	108	布隆迪	191	克罗地亚
44	巴哈马	112	白俄罗斯	192	古巴
48	巴林	116	柬埔寨	196	塞浦路斯
50	孟加拉国	120	喀麦隆	200	捷克斯洛伐克
51	亚美尼亚	124	加拿大	203	捷克
52	巴巴多斯	132	佛得角	204	贝宁
56	比利时	136	开曼群岛	208	丹麦
60	百慕大	140	中非共和国	212	多米尼克
64	不丹	144	斯里兰卡	214	多米尼加共和国
68	玻利维亚	148	乍得	218	厄瓜多尔

代码	国家或地区	代码	国家或地区	代码	国家或地区
222	萨尔瓦多	324	几内亚	426	莱索托
226	赤道几内亚	328	圭亚那	428	拉脱维亚
231	埃塞俄比亚	332	海地	430	利比里亚
232	厄立特里亚	334	赫德岛和麦克唐纳岛	434	利比亚
233	爱沙尼亚	336	梵蒂冈	440	立陶宛
234	法罗群岛	340	洪都拉斯	442	卢森堡
238	福克兰群岛	344	中国香港特别行政区	446	中国澳门特别行政区
242	斐济	348	匈牙利	450	马达加斯加
246	芬兰	352	冰岛	454	马拉维
250	法国	356	印度	458	马来西亚
254	法属圭亚那	360	印度尼西亚	462	马尔代夫
258	法属波利尼西亚	364	伊朗	466	马里
260	法国南部领地	368	伊拉克	470	马耳他
262	吉布提	372	爱尔兰	480	毛里求斯
266	加蓬	376	以色列	484	墨西哥
268	格鲁吉亚	381	意大利	490	其他亚洲国家
270	冈比亚	384	科特迪瓦	492	摩纳哥
275	巴勒斯坦	388	牙买加	496	蒙古国
276	德国	392	日本	498	摩尔多瓦
288	加纳	398	哈萨克斯坦	499	黑山
292	直布罗陀	400	约旦	500	蒙特塞拉特
296	基里巴斯	404	肯尼亚	504	摩洛哥
300	希腊	408	朝鲜	508	莫桑比克
304	格陵兰岛	410	韩国	512	阿曼
308	格林纳达	414	科威特	516	纳米比亚
312	瓜德罗普岛	417	吉尔吉斯斯坦	520	瑙鲁
316	关岛	418	老挝	524	尼泊尔
320	危地马拉	422	黎巴嫩	528	荷兰

续表

代码	国家或地区	代码	国家或地区	代码	国家或地区
531	库拉索岛	624	几内亚比绍	716	津巴布韦
533	阿鲁巴岛	626	东帝汶	724	西班牙
534	圣马丁岛	634	卡塔尔	728	南苏丹
540	新喀里多尼亚	638	留尼汪岛	729	苏丹
548	瓦努阿图	642	罗马尼亚	732	西撒哈拉
554	新西兰	643	俄罗斯	740	苏里南
558	尼加拉瓜	646	卢旺达	748	斯威士兰
562	尼日尔	652	圣巴泰勒米岛	752	瑞典
566	尼日利亚	654	圣赫勒拿岛	756	瑞士
568	其他欧洲国家	659	圣基茨和尼维斯	760	叙利亚
570	纽埃岛	660	安圭拉岛	762	塔吉克斯坦
574	诺福克群岛	662	圣卢西亚岛	764	泰国
577	其他非洲国家	666	圣皮埃尔和密克隆	768	多哥
578	挪威	670	圣文森特和格林纳丁斯	772	托克劳
580	北马里亚纳群岛	674	圣马力诺	776	汤加
581	美国离岛	678	圣多美和普林西比	780	特立尼达和多巴哥
583	密克罗尼西亚联邦	682	沙特阿拉伯	784	阿拉伯联合酋长国
584	马绍尔群岛	686	塞内加尔	788	突尼斯
585	帕劳	688	塞尔维亚	792	土耳其
586	巴基斯坦	690	塞舌尔	795	土库曼斯坦
591	巴拿马	694	塞拉利昂	796	特克斯和凯科斯
598	巴布新几内亚	702	新加坡	798	图瓦卢
600	巴拉圭	703	斯洛伐克	800	乌干达
604	秘鲁	704	越南	804	乌克兰
608	菲律宾	705	斯洛文尼亚	818	埃及
612	皮特克恩	706	索马里	826	英国
616	波兰	710	南非	834	坦桑尼亚
620	葡萄牙	711	南部非洲关税联盟	840	美国

代码	国家或地区	代码	国家或地区	代码	国家或地区
850	美属维尔京群岛	860	乌兹别克斯坦	882	萨摩亚
854	布吉纳法索	862	委内瑞拉	887	也门
858	乌拉圭	876	瓦利斯和富图纳群岛	894	赞比亚

资料来源：根据联合国商品贸易数据库（https：//comtrade. un. org/）整理。

参 考 文 献

［1］陈伟强，汪鹏，钟维琼．支撑"双碳"目标的关键金属供应挑战与保障对策［J］.中国科学院院刊，2022，37（11）：1577－1585.

［2］成升魁，闵庆文，闫丽珍．从静态的断面分析到动态的过程评价——兼论资源流动的研究内容与方法［J］.自然资源学报，2005（3）：407－414.

［3］高凤平，张璞，刘大成，等．国际稀土市场新格局与中国稀土产业战略选择［J］.国际贸易问题，2019（7）：63－81.

［4］谷树忠，姚予龙，沈镭，等．资源安全及其基本属性与研究框架［J］.自然资源学报，2002（3）：280－285.

［5］郭锐，凌胜利．中俄能源安全合作的概念体系、逻辑困境与现时问题［J］.统计与决策，2009（23）：105－107.

［6］郝敏，陈伟强，马梓洁，等.2000—2015年中国铜废碎料贸易及效益风险分析［J］.资源科学，2020，42（8）：1515－1526.

［7］黄健柏，孙芳，宋益．清洁能源技术关键金属供应风险评估［J］.资源科学，2020，42（8）：1477－1488.

［8］刘刚，刘立涛，欧阳锌，等．绿色低碳转型背景下关键金属循环利用战略与对策［J］.中国科学院院刊，2022，37（11）：1566－1576.

［9］刘立涛，赵慧兰，刘晓洁，等.1995—2015年美国钴物质流演

变［J］. 资源科学，2021，43（3）：524－534.

　　［10］马玉芳，沙景华，闫晶晶，等. 中国镍资源供应安全评价与对策研究［J］. 资源科学，2019，41（7）：1317－1328.

　　［11］马哲，李建武. 中国锂资源供应体系研究：现状、问题与建议［J］. 中国矿业，2018，27（10）：1－7.

　　［12］彭忠益，宋羽婷. 以金属资源循环利用保障国家金属资源安全［J］. 人民论坛，2023（13）：65－67.

　　［13］渠立权，骆华松，胡志丁，等. 中国石油资源安全评价及保障措施［J］. 世界地理研究，2017，26（4）：11－19.

　　［14］沈镭，刘晓洁. 资源在空间方向上的流动［J］. 资源科学，2006（3）：9－16.

　　［15］沈镭，张红丽，钟帅，等. 新时代下中国自然资源安全的战略思考［J］. 自然资源学报，2018，33（5）：721－734.

　　［16］沈镭，钟帅，胡纾寒. 新时代中国自然资源研究的机遇与挑战［J］. 自然资源学报，2020，35（8）：1773－1788.

　　［17］沈曦，郭海湘，成金华. 突发风险下关键矿产供应链网络节点韧性评估——以镍矿产品为例［J］. 资源科学，2022，44（1）：85－96.

　　［18］汪鹏，王翘楚，韩茹茹，等. 全球关键金属—低碳能源关联研究综述及其启示［J］. 资源科学，2021，43（4）：669－681.

　　［19］王昶，宋慧玲，左绿水，等. 中国优势金属供应全球需求的风险评估［J］. 自然资源学报，2018，33（7）：1218－1229.

　　［20］王登红，王瑞江，李建康，等. 中国三稀矿产资源战略调查研究进展综述［J］. 中国地质，2013，40（2）：361－370.

　　［21］王东方，陈伟强. 中国铝土矿贸易与供应安全研究［J］. 资源科学，2018，40（3）：498－506.

[22] 王秋舒，元春华. 全球锂矿供应形势及我国资源安全保障建议 [J]. 中国矿业，2019，28（5）：1-6.

[23] 王宜强，赵媛. 资源流动研究现状及其主要研究领域 [J]. 资源科学，2013，35（1）：89-101.

[24] 干勇，彭苏萍，毛景文，等. 我国关键矿产及其材料产业供应链高质量发展战略研究 [J]. 中国工程科学，2022，24（3）：1-9.

[25] 吴巧生，周娜，成金华. 战略性关键矿产资源供给安全研究综述与展望 [J]. 资源科学，2020，42（8）：1439-1451.

[26] 吴宗柠，狄增如，樊瑛. 多层网络的结构与功能研究进展 [J]. 电子科技大学学报，2021，50（1）：106-120.

[27] 邢佳韵，彭浩，张艳飞，等. 世界锂资源供需形势展望 [J]. 资源科学，2015，37（5）：988-997.

[28] 杨丹辉. 资源安全、大国竞争与稀有矿产资源开发利用的国家战略 [J]. 学习与探索，2018（7）：93-102，176.

[29] 翟明国，吴福元，胡瑞忠，等. 战略性关键金属矿产资源：现状与问题 [J]. 中国科学基金，2019，33（2）：106-111.

[30] 张泽南，张照志，吴晴，等. 中国锂矿资源需求预测 [J]. 中国矿业，2020，29（7）：9-15.

[31] 赵怡然，高湘昀，孙晓奇，等. 产业链视角下贸易依赖网络结构变动对钴价格的影响 [J]. 资源科学，2022，44（7）：1344-1357.

[32] 郑林昌，张亚楠，吴锦霞. 中国新能源汽车生产端锂消费的测算 [J]. 中国矿业，2021，30（3）：43-51.

[33] 朱学红，刘瑾睿，曾安琪，等. 基于产业复杂网络的中国隐含钴消费结构特征及关键路径研究 [J]. 中南大学学报（社会科学版），2022，28（3）：68-81.

[34] 朱学红，彭婷，谌金宇. 战略性关键金属贸易网络特征及其

对产业结构升级的影响 ［J］. 资源科学, 2020, 42 (8): 1489 - 1503.

［35］朱学红, 邹佳纹, 黄健柏. 基于信息可替代的有色金属产业安全指标体系构建与评估 ［J］. 软科学, 2019, 33 (2): 38 - 42, 60.

［36］祝孔超, 赵媛, 姚亚兵, 等. 全球稀土进口竞争格局分析及潜在贸易联系预测 ［J］. 资源科学, 2022, 44 (1): 70 - 84.

［37］Amarasinghe P, Liu A, Egodawatta P, et al. Modelling resilience of a water supply system under climate change and population growth impacts ［J］. Water Resources Management, 2017, 31 (9): 2885 - 2898.

［38］Battiston F, Nicosia V, Latora V. Structural measures for multiplex networks ［J］. Physical Review E, 2014, 89 (3): 032804.

［39］Gasser P, Lustenberger P, Cinelli M, et al. A review on resilience assessment of energy systems ［J］. Sustainable and Resilient Infrastructure, 2021, 6 (5): 273 - 299.

［40］Gnansounou E. Assessing the energy vulnerability: Case of industrialised countries ［J］. Energy Policy, 2008, 36 (10): 3734 - 3744.

［41］Gong C, Gong N, Qi R, Yu S. Assessment of natural gas supply security in Asia Pacific: Composite indicators with compromise Benefit - of - the - Doubt weights ［J］. Resources Policy, 2020, 67: 101671.

［42］Graedel T E, Barr R, Chandler C, et al. Methodology of metal criticality determination ［J］. Environmental Science & Technology, 2012, 46 (2): 1063 - 1070.

［43］Graedel T E, Harper E M, Nassar N T, et al. Criticality of metals and metalloids ［J］. Proceedings of the National Academy of Sciences, 2015, 112 (14): 4257 - 4262.

［44］Guo Y, Li Y, Liu Y, et al. The impact of geopolitical relations on the evolution of cobalt trade network from the perspective of industrial chain

［J］. Resources Policy, 2023, 85: 103778.

［45］ Hao H, Liu Z, Zhao F, et al. Material flow analysis of lithium in China ［J］. Resources Policy, 2017, 51: 100 – 106.

［46］ Harper E M, Kavlak G, Graedel T E. Tracking the metal of the goblins: cobalt's cycle of use ［J］. Environmental Science & Technology, 2012, 46 (2): 1079 – 1086.

［47］ He P, Ng T S, Su B. Energy-economic recovery resilience with Input – Output linearprogramming models ［J］. Energy Economics, 2017, 68: 177 – 191.

［48］ Helbig C, Bradshaw A M, Wietschel L, et al. Supply risks associated with lithium-ion battery materials ［J］. Journal of Cleaner Production, 2018, 172: 274 – 286.

［49］ Hu X, Wang C, Lim M K, et al. Characteristics of the global copper raw materials and scrap trade systems and the policy impacts of China's import ban ［J］. Ecological Economics, 2020, 172: 106626.

［50］ Kivel M, Arenas A, Barthelemy M, et al. Multilayer networks ［J］. Journal of Complex Networks, 2014, 2 (3): 203 – 271.

［51］ Laprie J C. From dependability to resilience ［C］//38th IEEE/IFIP Int. Conf. On dependable systems and networks. 2008: G8 – G9.

［52］ Li Y, Huang J, Zhang H. The impact of country risks on cobalt trade patterns from the perspective of the industrial chain ［J］. Resources Policy, 2022, 77: 102641.

［53］ Linnemann H. An econometric study of international trade flows ［M］. Amsterdam, North – Holland, 1966.

［54］ Liu L, Cao Z, Liu X, et al. Oil security revisited: An assessment based on complex network analysis ［J］. Energy, 2020, 194: 116793.

［55］ Liu W, Liu W, Li X, et al. Dynamic material flow analysis of critical metals for lithium-ion battery system in China from 2000 – 2018 ［J］. Resources, Conservation and Recycling, 2021, 164: 105122.

［56］ Mancheri N A, Sprecher B, Bailey G, et al. Effect of Chinese policies on rare earth supply chain resilience ［J］. Resources, Conservation and Recycling, 2019, 142: 101 – 112.

［57］ Mancheri N A, Sprecher B, Deetman S, et al. Resilience in the tantalum supply chain ［J］. Resources, Conservation and Recycling, 2018, 129: 56 – 69.

［58］ Miedema J H, Moll H C. Lithium availability in the EU27 for battery-driven vehicles: The impact of recycling and substitution on the confrontation between supply and demand until 2050 ［J］. Resources Policy, 2013, 38 (2): 204 – 211.

［59］ Olivetti E A, Ceder G, Gaustad G G, et al. Lithium – ion battery supply chain considerations: analysis of potential bottlenecks in critical metals ［J］. Joule, 2017, 1 (2): 229 – 243.

［60］ Reck B K, Graedel T E. Challenges in metal recycling ［J］. Science, 2012, 337 (6095): 690 – 695.

［61］ Rosvall M, Bergstrom C T. Maps of random walks on complex networks reveal community structure ［J］. Proceedings of the National Academy of Sciences, 2008, 105 (4): 1118 – 1123.

［62］ Shao L, Hu J, Zhang H. Evolution of global lithium competition network pattern and its influence factors ［J］. Resources Policy, 2021, 74: 102353.

［63］ Shao L, Kou W, Zhang H. The evolution of the global cobalt and lithium trade pattern and the impacts of the low-cobalt technology of lithium batteries based on multiplex network [J]. Resources Policy, 2022, 76: 102550.

[64] Song J, Yan W, Cao H, et al. Material flow analysis on critical raw materials of lithium-ion batteries in China [J]. Journal of Cleaner Production, 2019, 215: 570 – 581.

[65] Sprecher B, Daigo I, Murakami S, et al. Framework for resilience in material supply chains, with a case study from the 2010 rare earth crisis [J]. Environmental Science & Technology, 2015, 49 (11): 6740 – 6750.

[66] Sprecher B, Daigo I, Spekkink W, et al. Novel indicators for the quantification of resilience in critical material supply chains, with a 2010 rare earth crisis case study [J]. Environmental Science & Technology, 2017, 51 (7): 3860 – 3870.

[67] Sun X, Hao H, Zhao F, et al. The dynamic equilibrium mechanism of regional lithium flow for transportation electrification [J]. Environmental Science & Technology, 2018, 53 (2): 743 – 751.

[68] Van den Brink S, Kleijn R, Sprecher B, et al. Identifying supply risks by mapping the cobalt supply chain [J]. Resources, Conservation and Recycling, 2020, 156: 104743.

[69] Vikström H, Davidsson S, Höök M. Lithium availability and future production outlooks [J]. Applied Energy, 2013, 110: 252 – 266.

[70] Wang W, Wu Y. An overview of recycling and treatment of spent LiFePO4 batteriesin China [J]. Resources, Conservation and Recycling, 2017, 127: 233 – 243.

[71] Watts D J, Strogatz S H. Collective dynamics of "small – world" networks [J]. Nature, 1998, 393 (6684): 440 – 442.

[72] Zeng X, Li J. Implications for the carrying capacity of lithium re-

serve in China [J]. Resources, Conservation and Recycling, 2013, 80: 58 – 63.

[73] Zhang H, Wang X, Tang J, et al. The impact of international rare earth trade competition on global value chain upgrading from the industrial chain perspective [J]. Ecological Economics, 2022, 198: 107472.

[74] Zhang W J, Van Luttervelt C A. Toward a resilient manufacturing system [J]. CIRP Annals, 2011, 60 (1): 469 – 472.

[75] Zhu X, Ding Q, Chen J. How does critical mineral trade pattern affect renewable energy development? The mediating role of renewable energy technological progress [J]. Energy Economics, 2022, 112: 106164.

[76] Zhu X, Li X, Zhang H, et al. International market power analysis of China's tungsten export market—from the perspective of tungsten export policies [J]. Resources Policy, 2019, 61: 643 – 652.

[77] Ziemann S, Weil M, Schebek L. Tracing the fate of lithium——The development of a material flow model [J]. Resources, Conservation and Recycling, 2012, 63: 26 – 34.

后　　记

　　本书是 2018 年国家自然科学基金面上项目"新技术革命背景下全球稀有金属流动格局演变与我国供应安全研究"（批准号：71874210）的重要成果。

　　从 2018 年承担该项目以来，课题组以稀有金属资源流动下的供应安全保障为主线。首先，基于产业链视角构建全球稀有金属资源流动网络，利用网络拓扑指标从整体和个体层面揭示全球稀有金属流动格局演变规律。在此基础上，识别全球稀有金属资源流动格局演变的驱动因素，并重点探讨锂电池技术进步对全球钴—锂双层流动格局的影响。其次，基于全球稀有金属资源流动网络拓扑指标构建了新的供应安全评估模型，科学评估我国稀有金属资源供应安全趋势。最后，构建我国稀有金属供应链弹性评估系统动力学模型，仿真模拟需求和供应中断冲击下我国锂供应链弹性的演变趋势，并探究不同改善情景下锂供应链弹性的恢复效果，通过评估实施效果提出风险防范和供应链弹性提升的可操作性政策建议。本书正是对课题主要研究成果的梳理和呈现。

　　参与本书的撰写者有朱学红、张宏伟、邵留国、牛子博、左旭光、廖建辉、冯慧、张诗诗、张梓滔。刘刚等课题组也以不同形式对课题的完成和本书的撰写提供了诸多帮助，他们的建议使得本研究不断趋于成熟，在此深表感谢。

　　此外，感谢 *Nature Communications*、*Business Strategy and the Environ-*

ment、*Ecological Economics*、*Energy Economics*、*Resources Policy* 及《中国管理科学》《资源科学》等国内外权威期刊对成果的认可，感谢国家自然科学基金面上项目（批准号：71874210 和 72074228）和国家社会科学基金重大项目（批准号：21&ZD103）的资助，感谢在成果刊发过程中各位同行专家对该书成果所提的建设性意见。最后，衷心地感谢同行、社会各界朋友以及经济科学出版社的领导和编辑对本研究成果所做的贡献。

需要指出的是，稀有金属资源流动和供应安全问题具有复杂性，稀有金属资源安全已成为国家安全体系的重要组成部分，并将是未来一段时间的国家重大需求。本书的研究仍存在着若干需要进一步探索和深入研究的地方，本书中的不足和错漏之处也欢迎读者指正。

作　者

2023 年 10 月